Gonon, Hügli, Künzli, Maag Merki, Rosenmund, Weber
Governance im Spannungsfeld des schweizerischen Bildungsföderalismus

Philipp Gonon, Anton Hügli, Rudolf Künzli, Katharina Maag Merki, Moritz Rosenmund, Karl Weber

Governance im Spannungsfeld des schweizerischen Bildungsföderalismus

Sechs Fallstudien

der bildungsverlag
www.hep-verlag.ch

Unterstützt durch die Schweizerische Akademie
der Geistes- und Sozialwissenschaften
www.sagw.ch

Philipp Gonon, Anton Hügli, Rudolf Künzli, Katharina Maag Merki,
Moritz Rosenmund, Karl Weber
Governance im Spannungsfeld des schweizerischen Bildungsföderalismus
Sechs Fallstudien
ISBN Print 978-3-0355-0551-1

Titelbild: Camille Graeser, Visible Musik, 1947–1951 © 2016, ProLitteris, Zürich
Zum Titelbild: Der Schweizer Maler Camille Graeser (1892–1980), dessen Werk «Visible Musik» auf der Titelseite abgedruckt ist, integriert in seinem Schaffen Prinzipien musikalischer Komposition und serielle Variationen einfacher geometrischer Formen und Farben zu gleichsam hörbaren Bildern. Die konstruktivistische Tuschzeichnung steht hier symbolisch für ein Ideal gelingender Bildungsprozesse: Eine komplexe Einfachheit und Offenheit wohl organisierter Widersprüche und Sphären.
Rudolf Künzli

Bibliografische Information der Deutschen Nationalbibliothek:
Die Deutsche Nationalbibliothek verzeichnet diese Publikation
in der Deutschen Nationalbibliografie; detaillierte bibliografische
Daten sind im Internet über http://dnb.dnb.de abrufbar.

1. Auflage 2016
Alle Rechte vorbehalten
© 2016 hep verlag ag, Bern

www.hep-verlag.ch

Inhaltsverzeichnis

Vorwort 9

Einleitung. 11
Philipp Gonon, Anton Hügli, Rudolf Künzli,
Katharina Maag Merki, Moritz Rosenmund, Karl Weber
   1   Neuer politisch-institutioneller Ordnungsrahmen 12
   2   Governance im Bildungsbereich in einem föderalistischen
        und internationalen Kontext 14

Executive Summaries zu den Fallstudien 20

Die obligatorische Schule: Res publica im Visier
des Scientific Management 25
Moritz Rosenmund und Karl Weber
   1   Einleitung. 25
   2   Volksschule als Objekt von Governance 26
   3   Transformation der Governance in jüngerer Vergangenheit. ... 28
   4   Die Entwicklung in den Kantonen 32
   5   Die neue Landschaft der Bildungsgovernance 33
   6   New Governance und Leistungsfähigkeit des Bildungs-
        föderalismus im Bereich der obligatorischen Schule 35

Zunehmende Steuerungsdiskrepanzen in der
Berufsbildung 39
Philipp Gonon
   1   Zur Bedeutung der Berufsbildung 39
   2   Berufsbildung und Rahmengesetzgebung. 41
   3   Akteure der Berufsbildungsreform im korporatistischen
        Regime. 41
   4   Beruf und Wissenschaften als Steuerungsgrößen 42

5	Governance-Schwerpunkte	42
6	Integration und Positionierung der Berufsbildung im Bildungssystem	44
7	Maßnahmen zur Erhöhung des Lehrstellenangebotes	46
8	Grenzen der Leistungsfähigkeit der Governancestruktur	46
9	Fazit: Wandelnde Akteurskonstellationen, geringe Steuerbarkeit und Meritokratisierung des Bildungssystems als Herausforderungen	49

Die Lehrerinnen- und Lehrerbildung auf der Suche nach ihrem Ort im Hochschulsystem der Schweiz 52
Anton Hügli und Rudolf Künzli

1	Einleitung	52
2	Der Prozess der Tertiarisierung	53
3	Vereinheitlichung der Ausbildung und der Lehrdiplome	58
4	Positionierung der Lehrpersonenbildung im Hochschulraum	59
5	Der Wissenschafts- und Forschungsbezug und die Bedeutung der Schulpraxis	59
6	Die politische Regulierung der PHs im Konfliktfeld divergierender Interessen	62
7	Kritischer Ausblick	67

Die Hochschulen in der Welt des Wissens 70
Karl Weber und Rudolf Künzli

1	Einleitung	70
2	Aspekte der internationalen Wissenschaftsentwicklung und die Erschließung von außerwissenschaftlichem Wissen	73
3	Profil des schweizerischen Hochschulraumes	78
4	Die neue Governance der Hochschulen und ihre Herausforderungen	84

Weiterbildung jenseits von Markt und Staat 95
Karl Weber und Moritz Rosenmund

1	Einleitung.	95
2	Differenzierung des Feldes der Weiterbildung	96
3	Kontexte der Weiterbildung	96
4	Selektivität im Weiterbildungsgesetz	99
5	Bildung und Weiterbildung in der Zivilgesellschaft	101
6	Beispiele zivilgesellschaftlichen Lernens	104
7	Öffentliche Förderung zivilgesellschaftlichen Lernens – kein Widerspruch.	105

Selektion und Übertritte ... 107
Katharina Maag Merki

1	Einleitung.	107
2	Übergänge und Selektionsprozesse – eine Analyse der Strukturen, Akteure und Handlungen	109
3	Zentrale Herausforderungen	115
4	Fazit	122

Kontexte der Bildungsgovernance in der Schweiz ... 127
Rudolf Künzli und Karl Weber

1	Veränderte Konstellationen der Akteure – Bedeutungsverlust der Öffentlichkeit.	128
2	Programmatik der Reformen zur Optimierung der Steuerung der Bildungsverwaltung und -politik.	129
3	Personalisierung und Partikularisierung der Bildungsgovernance.	130
4	Ein reduktionistisches Bildungsverständnis	131
5	«Kompetenz» als umgreifende Verständigungsformel	132
6	Paradoxe Autonomie	134
7	Differenzierung der Angebote und Selektion	134
8	Spannungsfelder im kooperativen Bildungsföderalismus	135
9	«Der öffentliche Gebrauch der Vernunft».	138

Autorin und Autoren ... 140

Vorwort

Gegenstand der vorliegenden Studien sind Steuerungsprozesse im föderalistisch strukturierten Bildungssystem der Schweiz. Der Anlass für die Studien waren die Beobachtungen, Analysen und Diskussionen in der von den Akademien der Wissenschaften Schweiz eingesetzten Arbeitsgruppe «Zukunft – Bildung – Schweiz». Diese ist zuletzt mit einem «Plädoyer für eine nationale Bildungsstrategie»[1] an die Öffentlichkeit getreten. Die Studien nehmen dieses Anliegen auf und liefern für die weitere Diskussion über die Frage, ob eine nationale Bildungsstrategie notwendig sei, einen fachlich vertiefenden Beitrag.

In vielfacher Weise ist die schweizerische Bildungslandschaft in den letzten zwei Jahrzehnten in Bewegung gekommen. Die demografische Entwicklung, die zunehmende Mobilität und Immigration, der wirtschaftliche und kulturelle Wandel, der rasante technologische Fortschritt, die wachsende Bedeutung internationaler bildungspolitischer Akteure und ihre Empfehlungen stellen große Herausforderungen für die Inhalte, Formen, Strukturen und eine konsentierte Steuerung des föderalen Bildungssystems dar.

Ein Klärungsbedarf im Bereich der Steuerung ergibt sich nicht nur aus diesen externen Gründen. Ähnliche Fragen werfen die Bedingungen und Entwicklungen im Bildungssystem selbst auf. Strategierelevante Fragen erwachsen hier auch aus

- dem in der neuen Bundesverfassung formulierten Willen zu einer kohärenten Entwicklung des Bildungsraumes Schweiz,
- der internen Ausdifferenzierung und einem erheblichen Wachstum des Bildungssystems insgesamt und der Anzahl der involvierten Lernenden und Lehrenden, der Zunahme der Bildungswege, der Anbieter und der Abschlüsse,
- der wachsenden komplexen Gremienlandschaft und der Vielzahl von Akteuren mit ihren jeweiligen Orientierungen und Interessen und den dadurch verursachten Problemen an den Schnittstellen zwischen den verschiedenen Bildungsbereichen und
- der weiter zu erwartenden Verknappung der Mittel.

Die Studien in dieser Publikation haben sich zum Ziel gesetzt, neuere Entwicklungen in wesentlichen Sektoren des schweizerischen Bildungssystems darzustellen. Sie zeigen, wo Grenzen des Leistungspotenzials des Bildungsföderalismus erkennbar sind und wie diese mit den Steuerungspraktiken im Bildungsbereich zusammenhängen. Der Blick der Autorschaft richtet sich auf die bildungspoliti-

---

[1] Akademien der Wissenschaften Schweiz (Hrsg.) (2014). Plädoyer für eine nationale Bildungsstrategie.

sche Rahmung des Bildungswesens und auf seine konkrete Entwicklung. Im Vordergrund stehen: (kollektive) Akteure, ihre Rollen und ihre Positionen in den jeweiligen Strukturen, ihre Programme, Strategien, systemischen Entwicklungsdynamiken und die Wirkungen ihres Handelns.

In einem einleitenden Kapitel wird das umgreifende Konzept der Fallstudien zu ausgewählten Sektoren des Bildungssystems vorgestellt. Bearbeitet werden die obligatorische Schule, die Berufsbildung, die Hochschulen (Fachhochschulen und Universitäten), die Lehrerinnen- und Lehrerbildung und die Weiterbildung. Die sektorspezifischen Studien werden abgeschlossen mit einer Fallstudie zu den Selektionspraktiken. Als ein Querschnittthema verbinden und bestimmen diese die Bildungslaufbahnen. Die Fallstudien sind exemplarisch. Sie beschreiben nicht die jeweiligen Sektoren mit ihrer insgesamt hochkomplexen Struktur und Organisation umfassend, sondern diskutieren ausgewählte Entwicklungen und Problemfelder. Die Auswahl der Themenfelder und Bereiche ist von den Arbeits- und Forschungsschwerpunkten der Autorin und der Autoren bestimmt. Den Studien vorangestellt sind Executive Summaries für einen schnellen Überblick.

Abgeschlossen wird der Band mit einer knappen Synthese. Zentrale Befunde der verschiedenen Fallstudien werden im Lichte der leitenden Fragestellung gespiegelt und es wird ein bildungspolitischer Ausblick gewagt.

Die Studien sind wissenschaftsbasiert. Sie sichten, ordnen und gewichten das einschlägige wissenschaftliche Wissen zum jeweiligen Thema in den ausgewählten Bildungsbereichen. Auf eine umfassende Dokumentation der ausgewerteten Publikationen wird verzichtet. Erwähnt werden wichtige Quellendokumente und ausgewählte wissenschaftliche Publikationen. Die Texte sollen auch für ein nicht wissenschaftlich interessiertes Publikum lesbar sein.

Die Texte zu den einzelnen Fallstudien stammen von einzelnen Personen, die auch für die wissenschaftlichen Grundlagen und das Profil der Aussagen verantwortlich zeichnen. Die Gesamtpublikation verantworten die Autorin und die Autoren gemeinsam. Ihre Zusammenarbeit entstand aus einem gemeinsamen wissenschaftlichen Diskurshintergrund und gemeinsamen beruflichen Kontexten.

Wir danken der Akademie der Wissenschaften Schweiz, die es uns ermöglicht hat, Grundfragen der Bildungsentwicklung vertieft zu bearbeiten und die Ergebnisse der Öffentlichkeit zugänglich zu machen. Unser Dank geht auch an die Mitglieder der ehemaligen Arbeitsgruppe «Zukunft – Bildung – Schweiz». Ohne deren Vorarbeiten, Publikationen und Diskussionen hätten wir diese Studien weder angehen können noch wären sie in dieser Ausrichtung zustande gekommen. Schließlich danken wir dem hep verlag und insbesondere der Lektorin für die sorgfältige Betreuung der Publikation.

Rudolf Künzli

Philipp Gonon, Anton Hügli, Rudolf Künzli, Katharina Maag Merki,
Moritz Rosenmund, Karl Weber

Einleitung

Die bildungspolitischen Entwicklungen seit den 1990er-Jahren zeigen, dass Bildung weltweit von allen gesellschaftlichen Akteuren als eine der wichtigsten Ressourcen für die wirtschaftliche und gesellschaftliche Entwicklung eines Landes wahrgenommen wird. Daher wurde die Konkurrenz unter nationalen Bildungssystemen und ihren Leistungsprofilen zu einem dynamisierenden Faktor der nationalen Bildungspolitiken. Nationale Bildungssysteme und deren Leistungsprofile werden zunehmend miteinander verglichen, evaluiert und sehr oft auch in einer Rangliste angeordnet. Der verstärkte Wettbewerb zwingt die einzelnen Länder, ihr Bildungswesen, die Leistungen des Gesamtsystems wie auch die seiner organisationalen Einheiten darzustellen und vergleichbar zu machen. Diese Dynamik hat seit den 1990er-Jahren verstärkt auch die schweizerische Bildungspolitik erfasst. Der damit verbundene externe Druck muss im kleinräumig und föderalistisch organisierten schweizerischen Bildungswesen verarbeitet werden. Er stellt eine große Herausforderung dar, weil die Kantone bis heute je eigene reiche Traditionen entwickelt haben und vielfältige bildungspolitische Praktiken pflegen. Eine horizontale Koordinations- und Kooperationskultur (vgl. Konkordate), die immer auf Freiwilligkeit beruht, begann sich in den letzten Jahrzehnten pragmatisch, themenbezogen, teils regional und teils gesamtschweizerisch zu entwickeln. Unbestritten ist jedoch, dass sich heute internationale Entwicklungen auf die Organisation des Bildungswesens, seine Strukturen und Prozesse, seine Steuerungslogik und die entsprechenden Monitoringverfahren auswirken, außerdem treiben sie die Standardisierung der Organisationsformen und Verfahren voran. Damit stellt sich die Frage, wie es im föderalistisch organisierten Bildungswesen gelingt, eine legitimierte Balance zwischen externen bzw. internationalen und internen Ansprüchen und Erwartungen zu finden.

Einleitung

1 Neuer politisch-institutioneller Ordnungsrahmen

Der Föderalismus als politischer Ordnungsrahmen ist in Verfassung, Gesetzen und Mentalität fest verankert und bildet in der Praxis eine hoch legitimierte Grundlage politischer Steuerung. Er gilt als ein «tragender Grundwert im schweizerischen Verfassungsverständnis» (Brühl-Moser 2012, 703), der sich historisch laufend verändert hat und sich weiter verändern wird. Der Bildungsföderalismus als Kernbestand des schweizerischen Föderalismus überhaupt hat sich in einem rund 30-jährigen Prozess neu konfiguriert. Heute zeigt sich dieser Föderalismus als hoch differenzierte Ausgestaltung in Rechtssetzung und Praxis, sowohl zwischen den verschiedenen Bildungsbereichen als auch vertikal zwischen Bund, Kantonen und Gemeinden (Ambühl 2013). Nach dem Schulkonkordat von 1970 (EDK 1970) haben der neue Bildungsverfassungsartikel von 2006 (Bundesrat 2006) und die Interkantonale Vereinbarung über die Harmonisierung der obligatorischen Schule (HarmoS-Konkordat) von 2007 (EDK 2007) dem kooperativen Bildungsföderalismus im Bereich der obligatorischen Bildung eine neue Grundlage gegeben. Sie werden als Relativierung des «traditionell kleinräumigen Bildungsföderalismus» zugunsten von «kantonsübergreifenden bildungspolitischen Prozessen und Akteuren (regionale, interkantonale, nationale und internationale)» sowie neuen Steuerungsinstrumenten verstanden, die «zunehmend die Bildungspolitik bestimmen» (Criblez 2010, 2). Zahlreiche Argumente sprechen dafür, dass sowohl die Zustimmung zum neuen Bildungsverfassungsartikel wie auch die Verabschiedung des HarmoS-Konkordats von internationalen bildungspolitischen Entwicklungen begünstigt worden sind. Mit ihren Entscheiden haben sich der Souverän und die Bildungspolitik programmatisch vom alten Modell verabschiedet.

Aus rechtlicher Sicht stuft Ehrenzeller das HarmoS-Konkordat, einen eigentlichen Staatsvertrag, als «eine bedeutende Weiterentwicklung des kooperativen Föderalismus in der Schweiz» (Ehrenzeller 2010, 32) ein. Der «Bildungsraum Schweiz» hat Verfassungsrang (BV Art. 61a) erhalten und wird durch die Gestaltung interkantonaler Bildungsräume verstärkt (Hofmann 2010). Mit der neuen rechtlichen Rahmung wurde eine erste Phase bildungspolitischer Neuorientierung abgeschlossen und damit eine veränderte Ausgangslage für die weitere Dynamisierung bildungspolitischer Prozesse geschaffen: Die verantwortlichen Akteure verändern ihre Rollen und geben sich neue Instrumente. «Neue bildungspolitische Ordnungen zeichnen sich in ersten Konturen allmählich ab» (a. a. O., 16 f.). Allgemein kann man davon ausgehen, dass die Bildungspolitik mit dem skizzierten rechtlich-institutionellen Wandel versucht, ihre Handlungsfähigkeit zu verbessern.

Der beschriebene bildungspolitische Wandel spiegelt sich nicht nur im Bereich der obligatorischen Bildung, sondern auch in allen anderen Teilen des Bildungswesens. So hat sich die rechtliche Rahmung im Hochschulbereich in vergleichbarer Weise entwickelt. «Ist der Föderalismus noch in der Lage, ein kohärentes Hochschulwesen zu gewährleisten?» So hatte 2008 eine nationale Föderalismuskonferenz gefragt, die diesen unter Effizienzdruck sah. Mit dem Hochschulförderungs- und Koordinationsgesetz (HFKG) (Bundesrat 2011) sollen hier nach den Vorstellungen der politischen Akteure der Wettbewerb und zugleich die Kooperation zwischen den Hochschulen gefördert werden. Ebenso sollen eine kohärente Entwicklung der Hochschullandschaft Schweiz und die internationale Wettbewerbsfähigkeit dieses Bildungsbereiches gewährleistet werden.

Auch die Berufsbildung ist mit dem neuen Bildungsverfassungsartikel zum integrierten Bestandteil des Bildungsraumes Schweiz geworden. Das neue Berufsbildungsgesetz von 2004 (Bundesrat 2004) hat überdies zu einer Klärung der Rollen geführt, die die zahlreichen in diesem Feld tätigen Akteure einnehmen. Gleichzeitig wurden die Bereiche Gesundheit, Soziales und Kunst in die Berufsbildung integriert. Das Gesetz wird von den politischen Akteuren als Antwort auf die wirtschaftlichen Veränderungen, die gesteigerten Bildungsbedürfnisse und die internationalen Anpassungen im Bereich der tertiären Berufsbildung verstanden (Bundesrat 2010).

Gestützt auf die neue Bildungsverfassung war es ferner dem Gesetzgeber möglich, für die Weiterbildung einen ordnungspolitischen Rahmen zu schaffen und diesen in einem Bundesgesetz zu definieren. In diesem Feld soll der Wettbewerb für Ordnung sorgen (Bundesrat 2014). Das Gesetz tritt 2017 in Kraft.

Es versteht sich von selbst, dass bei den verschiedenen Reformprozessen den Interessen, Rahmenbedingungen und Rollen der privaten Bildungsanbieter in den verschiedenen Bildungsbereichen Rechnung getragen wurde. Dabei wurden auf den jeweiligen politischen Ebenen da und dort neue institutionelle Lösungen gefunden. In diesen Legiferierungen spiegelt sich die seit Ende der 1980er-Jahre wachsende Bedeutung und Akzeptanz privater Anbieter in verschiedenen Bildungsbereichen. Beim Bund wurden schließlich mit der Einrichtung des Staatssekretariates für Bildung, Innovation und Forschung (SBFI) die Bundeskompetenzen im gesamten Bildungsbereich organisational zusammengeführt. Parallel dazu wurde in den letzten Jahren die horizontale Zusammenarbeit, die für das Problem der Kleinräumigkeit im Schweizer Föderalismus eine Lösung bieten kann, durch einen erheblichen Ausbau interkantonaler Konkordate verstärkt (Bochsler 2010, Criblez 2010a).

2 Governance im Bildungsbereich in einem föderalistischen und internationalen Kontext

Der Föderalismus als Regierungsform muss sich heute grundsätzlich mit neuen Fragen auseinandersetzen. Dazu gehören besonders die teilweise unterschiedlichen Strukturen und Kulturen in den Kantonen. Auch das Bildungswesen hat sich in dem skizzierten rechtlichen Rahmen solchen Herausforderungen zu stellen. Ein insgesamt erhebliches Wachstum des Bildungssystems und dessen organisationale Differenzierung, die gewachsene Zahl der involvierten Personen sowie die Zunahme von Bildungswegen, Anbietern, Programmen und Abschlüssen haben einen hohen Grad an Komplexität erzeugt. Diese wird in einer bunten Gremienlandschaft von einer Vielzahl von Akteuren mit teilweise unterschiedlichen Orientierungen, Interessen und oft auch spezifischen Strategien bearbeitet. Dabei wird die bildungspolitische Steuerung mit immer komplexeren Strukturen konfrontiert.

Die Governance im schweizerischen Bildungsbereich ist in den letzten Jahren von den Wissenschaften in verschiedenen Studien vermehrt untersucht worden. Auf der politischen Ebene haben diese aber bisher nur eine begrenzte Aufmerksamkeit erfahren. Zwar thematisiert der Schweizerische Bildungsbericht (SKBF 2014), der im Sinne eines Bildungsmonitorings seit 2007 periodisch vorgelegt wird und die für die Schweiz relevante Forschung aufnimmt, die Entwicklung des Bildungswesens. Im Vordergrund steht jedoch die empirisch gestützte Darstellung der Ergebnisse der Governance, nicht aber die Governance im kooperativen Föderalismus selbst. Trotz dieser inhaltlichen Lücke haben die Bildungsberichte es den verantwortlichen Akteuren vermutlich erleichtert, sich im Rahmen des kooperativen Bildungsföderalismus auf konsensuelle bildungspolitische Perspektiven zu einigen. Eine gemeinsame Erklärung des Bundes und der Schweizerischen Konferenz der kantonalen Erziehungsdirektoren (EDK) zu den bildungspolitischen Zielen für den Bildungsraum Schweiz konnte verabschiedet werden (EDK 2011).

Die Autorin und die Autoren wollen mit den vorliegenden Studien dazu beitragen, dass diese Wissenslücken bei Governancefragen im kooperativen Föderalismus geschlossen werden. Zunächst beschreiben und analysieren sie die sich teils erst abzeichnenden, teils aber bereits konsolidierten neuen Konstellationen der Governance in den verschiedenen Bildungsbereichen, um dann die zentrale Frage nach Effektivität und Effizienz, nach Outcomes und Output des Bildungsföderalismus in seiner gegenwärtigen beziehungsweise sich abzeichnenden Form aufzuwerfen: Was leistet er, um ein hochstehendes Bildungswesen in der Schweiz zu gewährleisten? Wo liegen seine Stärken und Schwächen bei der Verarbeitung nationalen und internationalen Wandels? Wo sind die Grenzen eines solchen Governance-Regimes?

Die gesellschaftliche Auseinandersetzung mit diesen Fragen kann nicht bei der Beschreibung und Analyse des Bestehenden, der gegebenen Verhältnisse, Halt machen. Zu fragen ist auch nach dem Ausgeblendeten oder gar Ausgeschlossenen, mithin den «blinden Flecken», und nach möglichen Alternativen. Die nachfolgenden Fallstudien zu ausgewählten Fragen der Governance in den verschiedenen Bildungsbereichen zielen daher nicht darauf ab, Governance im schweizerischen Bildungswesen umfassend und in ihrer ganzen Breite darzustellen. Die Fallstudien sind in einem exemplarischen Sinne vielmehr als Anregung und Anstoß gedacht, über das Woher und Wohin des schweizerischen Bildungswesens nachzudenken, sich darüber in einer öffentlichen Diskussion auszutauschen und günstigenfalls neue Perspektiven zu entwickeln. Denn die Verfasserin und die Verfasser sind sich bewusst, dass über Notwendigkeit und Nützlichkeit, Möglichkeiten und Grenzen des Bildungsföderalismus letztlich normativ entschieden wird.

Bei der Bearbeitung der oben genannten Leitfragen knüpfen die Autorin und die Autoren an ausgewählte Ergebnisse der sehr vielfältigen neueren Forschung an.

An dieser Stelle ist ein Blick in die Governanceliteratur hilfreich. Deutlich wird dabei, dass der Begriff «Governance» in der Forschung unterschiedlich verwendet wird: Erstens ist mit diesem Begriff oft das gemeint, was früher als Steuerung oder Bildungspolitik bezeichnet wurde. Entsprechende Untersuchungen sind in ihren theoretischen und methodologischen Zugängen offen. Bei den zugrunde liegenden Theorien kann es sich um System-, Macht- oder auch ökonomische Theorien handeln. Namentlich im politiknahen Kontext werden gegenwärtig Fragen der Steuerung im Bildungswesen vermehrt unter Output- und Outcome-Perspektiven angegangen. Dabei richtet sich der Blick oft auf das Verhältnis von Aufwand und Ertrag. Zweitens wird «Governance» besonders in politischen Zusammenhängen oft im Sinne eines normativen Konzeptes von «good governance» verwendet. Dieses Verständnis hat sich im Rahmen des New Public Management auch im Bildungsbereich verbreitet und knüpft letztlich an Vorstellungen guter Betriebsführung an, wie sie in den Managementtheorien der Betriebswirtschaftslehre entwickelt wurden. Schließlich wird unter «Governance» ein methodologisches Beschreibungs- und Analyseinstrument verstanden, mit dem das Zusammenwirken von formellen und institutionellen Akteuren und Akteursgruppen untersucht werden kann. Dieser Zugang hilft besonders, Kontinuität und Wandel in den verschiedenen gesellschaftlichen Bereichen zu beschreiben und zu verstehen. Dabei gründet das methodologische Verständnis in der Regel auf den Theorien des akteurzentrierten Institutionalismus. Bei diesen Gegebenheiten sind die Ergebnisse im Feld der Governanceforschung ausgesprochen vielfältig. Gleichzeitig leidet die Governanceforschung bis heute wesentlich daran, dass sie unterkomplexe Modelle verwendet, das Potenzial der eingesetzten Methoden begrenzt ist und sie die

Vielschichtigkeit der bildungspolitischen Prozesse in einer längerfristigen Perspektive zu wenig abbilden kann. Daher ist es bisher nur bedingt gelungen, die Wirkungen von Steuerungsstrukturen empirisch klar und eindeutig zu erfassen.

Immerhin kann in diesem Zusammenhang auf eine eben erschienene Studie zur Governance im Bereich der obligatorischen Schule in Österreich, Deutschland und der Schweiz hingewiesen werden. Diese zeigt, dass die Instrumente und Verfahren der Governance in diesen drei Ländern unterschiedlich eingesetzt werden. Die entsprechenden bildungspolitischen Prozesse verlaufen offenbar in der Schweiz bedeutend langsamer als in Deutschland. Sie sind auch stärker in die föderalistischen Rahmenbedingungen eingebettet (Altrichter und Maag Merki 2016).

Um die oben erwähnten zentralen Leitfragen der vorliegenden Studie zu bearbeiten, stützen sich die Autoren und die Autorin in ihren Fallstudien auf das deskriptiv-analytische Konzept der Governance (Altrichter und Maag Merki 2016) und nutzen es für die Analyse bildungspolitischer Prozesse in ausgewählten Feldern. Im Vordergrund stehen die Strukturen, Instrumente, Prozesse und Akteure der Steuerung sowie ausgewählte Wirkungen im schweizerischen Mehrebenensystem. Als «Ebenen» werden dabei zumeist die von der Kommune bis zum nationalen Staat vertikal aufeinander aufbauenden Niveaus verstanden. Die auf all diesen Ebenen agierenden Rollenträger aus Politik, Verwaltung und Öffentlichkeit sehen sich im konkreten bildungspolitischen Prozess weiteren Akteuren gegenüber, die sich an der erwähnten Handlungskoordination beteiligen und über bestimmte Ressourcen verfügen. Dadurch entstehen spezifische Muster von Akteurskonstellationen. Diese werden von den unmittelbar in den Bildungs- und Erziehungsprozess involvierten Akteuren (individuelle Lehrpersonen, Lehrerkollegien und Berufsverbände der Lehrerschaft; einzelne Eltern und deren Vereinigungen) mitkonstituiert. Hinzu kommen außerhalb des formalen politisch-administrativen Apparats positionierte Mitspieler, namentlich in Gestalt internationaler Organisationen (OECD; EU; Europarat), sowie Repräsentanten der (Bildungs-)Wissenschaft (hochschulische Experten und Expertinnen; Fachorganisationen für Schulevaluation). Vervollständigt wird das Bild von intermediären, zwischen Ebenen und Akteuren vermittelnden Institutionen, Organisationen und Netzwerken: allen voran die Konferenz der kantonalen Erziehungsdirektoren mit ihren Fachorganisationen wie namentlich der Schweizerischen Konferenz der Leiter/-innen von Stellen für Bildungsplanung, Schulentwicklung und Bildungsforschung (CODICRE), sodann die politischen Parteien und schließlich auch Interessengemeinschaften wie die Arbeitsgemeinschaft für Schulevaluation (ARGEV). Last but not least erscheinen in jüngster Zeit in zunehmender Zahl Komitees in der schulpolitischen «Diskursarena», die mit den Mitteln der Volksinitiative und des Referendums andere Akteure oder die Bürger und Bürgerinnen für oder gegen bestimmte Entwicklungen zu mobilisieren suchen. Immer häufiger gehören auch privat organisierte und finanzierte Vereine und Verbände dazu, die als Akteure durch Expertisen, Dokumentationen und öffentliche Stellungnahmen in das Regulierungsgeschehen eingreifen. Die Beziehungen und wechselseitigen Bezugnahmen zwischen den meisten dieser Akteure sind in wesentlichen Teilen formal geregelt und auf Dauer gestellt. Dabei nutzen die Akteure drei Handlungsmodi: Beobachtung, Beeinflussung und Verhandlung. Konkret können auf diese Weise eine Handlungskoordination und eine Ordnung durch hierarchische Vorgaben, durch Wettbewerb oder durch selbstorganisierte Anpassungen entstehen. Der Mix der Mechanismen variiert von Bildungsbereich zu Bildungsbereich. Die formalen Regelungen zwischen den Akteuren und die jeweils bevorzugten Mechanismen der Abstimmung lassen es als sinnvoll erscheinen, Governance nicht nur als *dynamisches Geschehen* aufzufassen, das in der Absicht erfolgt, Handlungen zu steuern beziehungsweise zu kontrollieren. Vielmehr verweist der Begriff auch auf eine *institutionelle Architektur* mit ihren Akteuren, anerkannten Zuständigkeiten und Ressourcen und bevorzugten Verfahren, aber auch mit den ihr eigenen Werten, Zielen und Legitimationskriterien. Governance als dynamisches Geschehen kann damit sowohl auf die Kernleistungen eines Systems wie auch auf die Erhaltung oder Veränderung der erwähnten «Architektur» gerichtet sein. Selbstverständlich sind die beiden Aspekte nicht voneinander unabhängig. Sie verdeutlichen jedoch, dass es bei Fragen der Governance um unterschiedliche Dinge geht, nämlich um Bildungsqualität in dem einen Fall, um die Verteilung von Macht und Möglichkeiten zur Einflussnahme in dem anderen.

Schließlich versteht es sich von selbst, dass Governancestrukturen, involvierte Akteure und ihre Orientierungen sowie die Handlungskonstellationen von Bildungsbereich zu Bildungsbereich variieren und sich nicht zuletzt im Zusammenhang mit Reformvorhaben und der fortdauernden weiteren Ausdifferenzierung des Bildungssystems selbst verändern. Dabei kommt es auch zu Verschiebungen in den Akteurskonstellationen und damit bei den Machtverhältnissen. Konkret ist an dieser Stelle beispielsweise an die Neuverteilung der Einflussmöglichkeiten im Hochschulraum zu denken, die aus der Errichtung der Fachhochschulen und der Pädagogischen Hochschulen folgt.

Die Strukturen der Governance variieren nicht nur zwischen den Bildungsbereichen, sondern auch zwischen dem Bund und den Kantonen einerseits und unter den Kantonen andererseits. Offensichtlich werden gerade im Bildungsbereich die Governancestrukturen in den Kantonen durch unterschiedliche politische und administrative Strukturen, durch die Größe der Kantone und ihre entsprechend unterschiedlichen Möglichkeiten zur internen Differenzierung, durch den Urbanisierungsgrad, ihre bereits bestehenden Bildungseinrichtungen und andere Faktoren geprägt. Empirisch und bildungspolitisch bedeutsam ist daher die Frage, wie stark sich unter den Kantonen und zwischen Kantonen und Bund die Strukturen der Governance im Spannungsfeld der beiden Extrempole «Integration» und «Autonomie» vernetzen oder gar verflechten und wie weit sie politisch abgestimmte Entwicklungen im Bildungsbereich begünstigen bzw. durchsetzen können. Konvergente Entwicklungen im Bildungsbereich müssen allerdings nicht notwendigerweise ein Ergebnis bildungspolitischer Verflechtungen der Governance sein. Sie können auch aufgrund selbstadaptiver Prozesse der Bildungseinrichtungen selbst zustande kommen. So wurde beispielsweise die weltweite Diffusion der Fakultätsuniversität nicht von einer «Weltregierung» gesteuert. Schließlich bleibt an dieser Stelle darauf hinzuweisen, dass neue Strukturbildungen in der Governance – gleichgültig, auf welcher Ebene sie stattfinden – immer mit der Frage nach ihrer Legitimität konfrontiert werden.

Quellen

Bundesrat (2002). Bundesgesetz über die Berufsbildung. Inkrafttreten 2004
    https://www.admin.ch/opc/de/classified-compilation/20001860/index.html
    [4.7.2016].
Bundesrat (2006). Bundesverfassung der Schweizerischen Eidgenossenschaft. Art. 61 ff.
    https://www.admin.ch/opc/de/classified-compilation/19995395/index.html
    [4.7.2016].
Bundesrat (2010). Sechs Jahre neues Berufsbildungsgesetz. Eine Bilanz. Bericht des Bundesrates über die Unterstützung der dualen Berufsbildung.
Bundesrat (2011). Bundesgesetz über die Förderung der Hochschulen und die Koordination im schweizerischen Hochschulbereich (HFKG). Inkrafttreten 2015
Bundesrat (2014). Bundesgesetz über die Weiterbildung (WeBiG). Inkrafttreten 2017
    https://www.admin.ch/opc/de/classified-compilation/20070429/index.html
    [4.7.2016].
    http://www.news.admin.ch/NSBSubscriber/message/attachments/20586.pdf
    [4.7.2016].
EDK (1970). Konkordat über die Schulkoordination vom 29. Oktober 1970
    http://edudoc.ch/record/1987/files/1-1d.pdf [4.7.2016].
EDK (2007). Interkantonale Vereinbarung über die Harmonisierung der obligatorischen Schule (HarmoS-Konkordat). http://edudoc.ch/record/24711/files/HarmoS_d.pdf [4.7.2016].
EDK (2011). Chancen optimal nutzen. Erklärung 2011 zu den gemeinsamen bildungspolitischen Zielen für den Bildungsraum Schweiz. http://www.edk.ch/dyn/13403.php [4.7.2016].

Literatur

Akademien der Wissenschaften Schweiz (Hrsg.) (2014). Plädoyer für eine nationale Bildungsstrategie. Bern.
Altrichter, Herbert/Maag Merki, Katharina (Hrsg.) (2016). Handbuch Neue Steuerung im Schulsystem. (2. Aufl.). Wiesbaden: VS Verlag für Sozialwissenschaften Springer Fachmedien.

Ambühl, Hans (2013). Kooperativer Föderalismus im Bildungsbereich: rechtliche Voraussetzungen und praktische Instrumentierung am Beispiel der Schweiz. Vortrag auf der Tagung der Robert Bosch Stiftung «Wege in einen leistungsfähigeren Bildungsföderalismus». www.bosch-stiftung.de/content/language1/html/42639.asp [4.7.2016].

Baumert, Jürgen (2013). Bildungsföderalismus und gesamtstaatliche Verantwortung – wo stehen wir heute? Vortrag auf der Tagung der Robert Bosch Stiftung «Wege in einen leistungsfähigeren Bildungsföderalismus». www.bosch-stiftung.de/content/language1/html/42639.asp [4.7.2016].

Bochsler, Daniel (2010). Horizontale Zusammenarbeit als Lösung des Problems der Kleinräumigkeit im Schweizer Föderalismus? Eine quantitative Perspektive (121–146). In: Auer, Andreas (Hrsg.). Herausforderungen HarmoS. Bildungspolitik, Föderalismus und Demokratie auf dem Prüfstand. Zürich, Basel, Genf: Schulthess. (= Schriften zur Demokratieforschung 1 zda Zentrum für Demokratie).

Brühl-Moser, Denise (2012). Schweizerischer Föderalismus: Ausgestaltung. Neugestaltung und Herausforderungen (697–744). In: Härtel, Ines (Hrsg.). Handbuch Föderalismus. Bd. IV: Föderalismus in Europa und der Welt. Berlin, Heidelberg: Springer.

Criblez, Lucien (2010). Harmonisierung im Bildungswesen – Bildungspolitik zwischen nationalen Reformaspirationen und föderalistischen Autonomieansprüchen (1–21). In: Auer, Andreas (Hrsg.). Herausforderungen HarmoS. Bildungspolitik, Föderalismus und Demokratie auf dem Prüfstand. Zürich, Basel, Genf: Schulthess. (= Schriften zur Demokratieforschung 1 zda Zentrum für Demokratie).

Ehrenzeller, Bernhard (2010). HarmoS im Lichte der Bildungsverfassung (23–34). In: Auer, Andreas (Hrsg.). Herausforderungen HarmoS. Bildungspolitik, Föderalismus und Demokratie auf dem Prüfstand. Zürich, Basel, Genf: Schulthess. (= Schriften zur Demokratieforschung 1 zda Zentrum für Demokratie).

Hoffmann-Ocon, Andreas/Schmidtke, Adrian (Hrsg.) (2012). Reformprozesse im Bildungswesen. Zwischen Bildungspolitik und Bildungswissenschaft. Wiesbaden: VS Verlag für Sozialwissenschaften Springer Fachmedien.

Hofmann, Alexander (2010). Die Umsetzung von HarmoS als Motor zur Herausbildung regionaler Identität: Das Beispiel Bildungsraum Nordwestschweiz (49–57). In: Auer, Andreas (Hrsg.). Herausforderungen HarmoS. Bildungspolitik, Föderalismus und Demokratie auf dem Prüfstand. Zürich, Basel, Genf: Schulthess. (= Schriften zur Demokratieforschung 1 zda Zentrum für Demokratie).

Kussau, Jürgen/Brüsemeister, Thomas (2007). Governance, Schule und Politik. Wiesbaden: VS Verlag.

SKBF (2014). Bildungsbericht Schweiz 2014. Aarau: SKBF.

Staatskanzlei Kanton Aargau (Hrsg.) (2008). Der Schweizer Föderalismus unter Effizienzdruck: Was sind die Perspektiven (Atelier 4: Ist der Föderalismus noch in der Lage, ein kohärentes Hochschulwesen zu gewährleisten? 177–206). Zürich: NZZ Verlag.

Tenorth, Heinz-Elmar (2013). Bildungspolitik, Bildungsforschung, Bildungsrat. Vortrag auf der Tagung der Robert Bosch Stiftung «Wege in einen leistungsfähigeren Bildungsföderalismus». www.bosch-stiftung.de/content/language1/html/42639.asp [4.7.2016].

Vatter, Adrian (2006). Föderalismusreform. Wirkungsweisen und Reformansätze föderativer Institutionen in der Schweiz. Zürich: NZZ Verlag.

Executive Summaries zu den Fallstudien

Die obligatorische Schule: Res publica im Visier des Scientific Management
Nach einer längeren Periode struktureller und curricularer Reformen konzentrierten sich die Bemühungen, die Leistungsfähigkeit des Volksschulwesens zu verbessern, in den vergangenen 25 Jahren namentlich auf die Modernisierung ihrer Governance. Bei dieser Entwicklung wurde das Bezugssystem Wissenschaft immer wichtiger, während komplementär dazu die politisch verfasste Öffentlichkeit sowie die Lehrerprofession an Bedeutung einbüßten. Nicht zuletzt weil sich die schweizerische Bildungspolitik zunehmend an Konzepten von transnationalen Organisationen, namentlich der OECD, orientierte, konkretisierte sich der Wissenschaftsbezug wesentlich als Aufschwung einer empirisch-quantitativen, an ökonomischen Effizienzkriterien orientierten Produktion von «Evidenz». Die Verschiebung äußert sich in einem Wandel des begrifflichen und operationellen Instrumentariums auf nationaler, kantonaler und kommunaler Ebene. Die herkömmliche, zum Teil von Laien besorgte Aufsicht über Schulen und Bildungswesen transformierte sich in die «Steuerung» von Bildungsorganisationen und -systemen, die auf neuartige Weise rechenschaftspflichtig und zur Selbstbeobachtung angehalten sind. Ihre Leistungen werden zunehmend quantitativ erfasst. Parallel dazu und nicht unabhängig davon führten Bemühungen, einen schweizerischen Bildungsraum zu schaffen und zu harmonisieren, zu einer gewissen Engführung der Bildungsziele als operationalisierbare Kompetenzen.

Heute kann im Bereich der Governance der obligatorischen Schule festgestellt werden, dass Neues – neue Akteure, Verfahren und Steuerungsinstrumente – geschaffen wurde, das Alte aber zumindest teilweise erhalten bleibt. Insgesamt hat dies eine noch komplexere Governance zur Folge, die Entscheidungsprozesse verlangsamt und Konfliktpotenzial in sich birgt. Zum einen stehen sich Verteidiger der «alten», am Primat von zivilgesellschaftlicher Öffentlichkeit und Politik orientierten Governance und Verfechter der «neuen», auf Wissenschaftlichkeit und Professionalität beruhenden Ordnung gegenüber. Zum anderen aktualisiert der Trend zu standardisierten Formen der Steuerung eine Spannung, die dem Föderalismus inhärent ist: zwischen autonomen lokal-regionalen Entwicklungen auf der einen und dem Wunsch nach Vereinheitlichung im Zeichen nationaler Ziele und Strategien auf der anderen Seite.

Zunehmende Steuerungsdiskrepanzen in der Berufsbildung
Die Berufsbildung in der Schweiz ist der bedeutendste Bildungsbereich auf der Sekundarstufe II. Dies soll, wie die öffentliche Debatte zeigt, auch so bleiben. Sowohl Parteien, einzelne Experten und Behörden wie auch Verbände aus Industrie, Gewerbe und Gewerkschaften wie auch die einzelnen Bildungsträger selbst befürworten die starke Stellung der beruflichen Bildung, die seit den 1990er-Jahren durchlässiger gegenüber dem Hochschulwesen ist und

seit dem neuen Berufsbildungsgesetz aus dem Jahre 2002 integral alle nicht akademischen Berufe einschließt. Die Berufsbildung ist vergleichsweise stark zentralisiert und wird dank einer strategischen Allianz aus Bundesbehörden, kantonalen Ämtern und Organisationen der Arbeitswelt in einer Art «Einverständnisgemeinschaft» gesteuert.

In diesem korporatistischen Regime beansprucht der Bund bzw. das SBFI für sich die Rolle, das Gesamtsystem auf eine allgemein gehaltene Weise strategisch zu steuern und zu entwickeln. Den Kantonen sind der Vollzug und die Umsetzung zugewiesen. Während die Betriebe die Kosten, aber auch die Gewinne der praktischen Ausbildung übernehmen, obliegen der große Teil der öffentlichen Finanzierung und die Bereitstellung des schulischen Teils den Kantonen.

Die Berufsbildung und ihre Akteure setzen auf bewährte Kontinuität, geraten allerdings durch die wirtschaftlich-technologische und industrielle wie auch globale Entwicklung unter Reformdruck. Seit Jahren steigt die Nachfrage nach höherer Qualifizierung und akademisch gebildeten Fachkräften. Dies führt zu Passungsproblemen, das heißt, nicht alle Jugendlichen finden nach Abschluss der Berufsbildung eine entsprechende Beschäftigung. Weiter ist der Übergang von der Volksschule in die Berufsbildung für leistungsschwächere Schüler und Schülerinnen schwieriger geworden, weil die Anforderungen gestiegen sind. Auch die Ausbildungsbereitschaft der Betriebe ist keine stabile Größe. Ebenso bevorzugen Jugendliche und ihre Eltern die gymnasial-schulische Option, wenn sie die Gelegenheit dazu haben und entsprechende schulische Leistungen vorliegen. Aus diesen Gründen zielen Berufsbildungsreformen in erster Linie darauf ab, nach der beruflichen Grundbildung weitere Optionen zu eröffnen. Die höhere Berufsbildung ist eine Möglichkeit, sich nach einer beruflichen Grundbildung auch ohne Matura weiter und höher zu qualifizieren – dies wurde in den letzten Jahren stark unterstützt. Es ist weiter auch eine Zunahme der Fachhochschulabsolventen zu verzeichnen, das heißt, immer mehr Jugendliche aus der beruflichen Bildung streben während oder nach der beruflichen Grundbildung einen beruflich-fachlich geprägten akademischen Abschluss an. Die berufliche Bildung wird so gesehen stärker hybridisiert: Die primäre Zielsetzung ist es zwar, die Jugendlichen fachlich zu qualifizieren, damit die Arbeitsmarktintegration gelingt. Daneben gewinnen aber auch Schule und Wissenschaftsbezug an Bedeutung. Diese internen und globalen Trends stellen die künftige Steuerbarkeit der Berufsbildung vor zusätzliche Herausforderungen, und das korporatistische Regime und die beruflich dominierte Ausbildungslogik stoßen an ihre Grenzen.

Die Lehrerinnen- und Lehrerbildung auf der Suche nach ihrem Ort im Hochschulsystem der Schweiz

Die Tertiarisierung der Ausbildung der Volksschullehrpersonen in der Schweiz ist Teil einer Höherstufung auch anderer Berufsbildungen und nimmt charakteristische Trends in der Dynamik des Hochschul- und Wissenschaftssystems auf. An ihr zeigt sich exemplarisch, wie ein ganzes Berufsfeld im internationalen Vergleich relativ spät von der Verwissenschaftlichung erfasst wurde und wie sich parallel dazu auch die Hochschulbildung verstärkt auf eine professionsnahe berufliche Qualifizierung ausrichtet. Schließlich bestätigt sich in diesem Bereich der «academic drift», die Tendenz zur Angleichung der Hochschulen an den statushöchsten Typus, die Universität.

Die Entwicklung der Lehrerinnen- und Lehrerbildung kann auch nach ihrem rund zwanzigjährigen Transformationsprozess weder institutionell und organisatorisch noch inhaltlich curricular als abgeschlossen betrachtet werden. Erschwerende Faktoren sind die Vielzahl und die unterschiedlichen Größenverhältnisse der Einheiten, ihre institutionelle Verschiedenheit, ihre labile Zwischenstellung im Hochschulraum und ihre unterschiedliche Distanz zu den Universitäten. Unbestritten zwar ist ihr berufsqualifizierender Auftrag, offen aber ihr Bezug zu den Berufswissenschaften, zur Forschung und damit verbunden auch die Frage des Promotionsrechtes bzw. der Möglichkeit zu einer eigenständigen Rekrutierung ihrer Dozentenschaft. Hier stehen Richtungsentscheidungen an. Erstens: Jede einzelne PH steht vor der Grundfrage, wie sie nach der nunmehr erfolgten äußeren und formellen Tertiarisierung die Tertiarisierung auch innerhalb der Institution vorantreiben und so ihre Autonomie stärken kann. Zweitens: Über alle PHs hinweg muss nachgedacht werden über eine weitere Konzentration der PH-Standorte oder eine allfällige Typendifferenzierung, zum Beispiel in einen regional berufsfeldnahen Typus und einen wissenschafts- und forschungsnahen Typus, eingegliedert in oder angegliedert an eine Universität. Dass diese Optionen aus ökonomischen und personalpolitischen Gründen nicht allen der heute bestehenden 15 Einheiten gleichermaßen offenstehen und offenstehen können, ist offenkundig. Drittens: Angesichts der augenfälligen programmatischen Konvergenzen im Hochschulbereich stellt sich die Frage, worin das eigenständige Profil der PHs überhaupt noch bestehen könnte.

Die Hochschulen in der Welt des Wissens
Die Vorstellung, dass Wissen eine notwendige Voraussetzung für die gesellschaftliche, wirtschaftliche, technische und kulturelle Entwicklung ist, wird von allen gesellschaftlichen Akteuren geteilt. Dabei ist nicht nur an die Herstellung neuer und die Verbesserung bestehender Produkte und Dienstleistungen und die Steuerung entsprechender Prozesse zu denken. Wissen ermöglicht ganz allgemein, Entwicklungen in der Alltagswelt und den verschiedenen gesellschaftlichen Feldern zu erkennen und zu verstehen. Dank Wissen gelingt es, sich in der modernen und komplexen Welt zu orientieren und diese aktiv und reflektiert mitzugestalten.

Die angesprochenen kollektiven Überzeugungen haben länderübergreifend die Expansion der Wissenschaften und ihre inhaltliche, institutionelle, kognitive und organisationale Differenzierung vorangetrieben. Dabei hat sich auch die Stellung verändert, die Hochschulen bei der Erzeugung, Verbreitung und Verwertung von Wissen einnehmen. Sie stehen national und international in einer verstärkten Konkurrenzsituation. Auch deswegen stellt die Dynamik der Wissenschaften und des Wissens allgemein für die weitere Entwicklung der Struktur und Organisation der Hochschulen eine maßgebende Referenz dar.

Aus schweizerischer Sicht lassen sich gegenwärtig drei zentrale Herausforderungen identifizieren: Erstens kann gefragt werden, wie angesichts nicht übersehbarer Entgrenzungen in den Wissenschaften das Profil der verschiedenen Hochschultypen gestärkt werden soll und kann. Zweitens sollte geklärt werden, durch welche Personal- und Laufbahnstrukturen das Potenzial an Forschenden besser, nachhaltig und dauerhaft ausgeschöpft werden kann. Die Pluralisierung der Forschungsfinanzierung, die Dichte der Vernetzungen der Forschungsstrukturen und der Umfang der materiellen und organisatorischen Forschungsbedingungen wirft drittens die Frage nach der Eigentümerschaft und damit der Publikationsberechtigung von Forschungsergebnissen auf. Fehlt den Forschenden die Publikationsberechtigung, ist für sie der Reputationserwerb auf dem Markt der Wissenschaft erschwert. Davon sind besonders Wissenschaftler und Wissenschaftlerinnen betroffen, die in der Auftragsforschung tätig sind.

Weiterbildung jenseits von Markt und Staat
Der Weiterbildungsbereich befindet sich in einem dynamischen Wachstums- und Differenzierungsprozess. Treiber dieser Entwicklung sind öffentliche und private Träger, die in schulische, berufliche, betriebliche, infrastrukturelle und punktuell auch zivilgesellschaftliche Kontexte eingebunden sind. Nicht zu übersehen ist, dass sich bis heute der Blick aller beteiligten Akteure auf die wirtschaftlich bedeutsame Weiterbildung richtet. Mit dem neuen Weiterbildungsgesetz, das voraussichtlich 2017 in Kraft treten wird, versucht nun der Bund unter dieser Perspektive das vielfältige Feld der Weiterbildung zu ordnen. Weiterbildung wird weiterhin vorrangig als individuelle und kollektive ökonomische Ressource betrachtet. Dass Bildung und Weiterbildung auch einen kulturellen und sozialen Wert haben, sowohl für die Individuen wie auch für die ganze Gesellschaft, wird seltsamerweise ausgeblendet. Übersehen wird damit, dass entsprechende Investitionen dazu beitragen, dass die Einzelnen und die Gesellschaft als Ganzes entwicklungs-, gestaltungs- und reflexionsfähig bleiben. Gerade eine offene Gesellschaft, die auf individuelle Verantwortung setzt wie die schweizerische, muss somit die Einzelnen befähigen, diese wahrzunehmen. Jenseits von Markt und Staat fällt dabei zivilgesellschaftlichen Prozessen eine große Bedeutung zu. Sie sind im schweizerischen Gesellschaftsmodell unverzichtbar. In der einschlägigen Literatur ist unbestritten, dass zivilgesellschaftlich initiierte Lernräume ihr Potenzial nur entfalten können, wenn sie organisational über einigermaßen verlässliche Rahmenbedingungen verfügen. Dazu gehören minimale infrastrukturelle Voraussetzungen, die durch eine öffentliche Anschubfinanzierung geschaffen werden können. Entscheidend ist, dass mit öffentlichen Mitteln Voraussetzungen geschaffen werden, die das Lernen in zivilgesellschaftlichen Netzwerken attraktiv machen und damit die Erfolgsschwelle für entsprechende, nicht profitorientierte Lerninitiativen senken. Um dieses Ziel zu erreichen, bietet sich eine Finanzierung mittels einer Projektförderung für zivilgesellschaftliche Initiativen an, die einen monetären oder nicht monetären gesellschaftlichen Nutzen abwerfen und die organisational minimal verfestigt sind.

Selektion und Übertritte

Wenn wie in der Schweiz ein hoch ausdifferenziertes Bildungswesen vorhanden ist, bietet dieses zum einen die Möglichkeit für mannigfaltige individuelle Bildungslaufbahnen und erfordert zum andern die Notwendigkeit zu entscheiden, wer welche Ausbildungswege oder Übertritte realisieren kann und darf. Übertritts- und Selektionsentscheide prägen somit den Alltag in schulischen Institutionen, wobei die Voraussetzung für die Wahl und Nutzung eines Bildungsangebotes gemäß EDK – mit wenigen Ausnahmen – einzig die Qualifikationen sind, die das Individuum im Verlaufe der Bildungslaufbahn erwirbt oder erworben hat.

Allerdings zeigen verschiedene empirische Befunde, dass dieses Ziel nicht erreicht wurde. Insbesondere wird deutlich, dass Übertritts- und Selektionsentscheide nicht allein auf der individuellen Leistungsfähigkeit der Schülerinnen und Schüler oder Auszubildenden basieren, sondern eng mit dem Geschlecht oder dem sozioökonomischen Hintergrund der Personen, aber auch mit dem Bildungsangebot in den einzelnen Kantonen und den kantons- oder sprachspezifischen Anforderungen und Praktiken in Übertritts- und Selektionsverfahren zusammenhängen. An Übergängen verschärfen sich somit aufgrund der damit verknüpften Selektions- und Entscheidungsprozesse und der unterschiedlichen Angebote in den Kantonen und Sprachregionen soziale Ungleichheiten.

Ausgehend von dieser Problematik, setzt sich dieser Beitrag zunächst mit Beurteilungs- und Selektionsprozessen im Bildungssystem auseinander und bietet ein Raster für deren Unterscheidung. Darauf aufbauend werden Veränderungen skizziert, die in der Schweiz in den letzten Jahren beobachtet werden konnten, wobei insbesondere auf die Verschiebung der involvierten Akteure im Beurteilungsprozess sowie auf die Erweiterung und Neugewichtung der Beurteilungsnormen eingegangen wird. Nachfolgend werden verschiedene Spannungsfelder diskutiert, die in einem Zusammenhang mit der Übertritts- und Selektionsthematik stehen.

Diese Auseinandersetzung zeigt, dass in der Schweiz an verschiedenen Stellen entschiedener Diskussions- und Handlungsbedarf besteht. Besonders relevant erscheint es, folgende Punkte zu diskutieren: die Differenzierung in der öffentlichen Schule (ob und wann) und die Frage, ob die Anforderungen, Beurteilungskriterien und Rahmenbedingungen für die Überprüfung der Leistungen der Schülerinnen und Schüler und Auszubildenden vergleichbar sind. Um Bildungschancen zu erhöhen, ist zudem zu diskutieren, wie die Vergleichbarkeit der Anforderungen von Erst-, Zweit- oder Drittausbildungen erhöht werden kann. Insgesamt wird davon ausgegangen, dass eine Verbesserung der Chancengleichheit nicht allein über die Veränderung einzelner Strukturen oder Handlungen erreicht werden kann, sondern eine integrale Perspektive im Mehrebenensystem bedingt.

Moritz Rosenmund und Karl Weber

Die obligatorische Schule: Res publica im Visier des Scientific Management

1 Einleitung

Das Bestreben, die schweizerische Volksschule an die Herausforderungen des ausgehenden 20. und frühen 21. Jahrhunderts anzupassen, äußert sich in zahlreichen Reformen, die alle Ebenen von der Einzelschule bis zum gesamten Volksschulwesen verändert haben. Sie zielen insgesamt darauf ab, die Leistungsfähigkeit der Schule zu erhalten oder gar zu erhöhen, wobei dieses Ziel nicht zuletzt durch Verbesserungen in der Art der Steuerung, das heißt durch Modernisierung der Governance, erreicht werden soll. Das vorliegende Kapitel versucht einen Überblick über die jüngeren Entwicklungen zu vermitteln, um anschließend die Frage zu diskutieren, inwieweit die Reformen dazu beitragen, die *Leistungsfähigkeit des Bildungsföderalismus* zu erhalten und zu verbessern. Bevor materiell darauf eingetreten werden kann, bedarf es jedoch in Abschnitt 2 einer Bestimmung dessen, was hier «regiert» wird, der «Volksschule» eben. Denn aus heutiger Sicht ist danach zu fragen, inwiefern die Einschränkung des Volksschulbegriffs den aktuellen Gegebenheiten überhaupt noch angemessen ist. Akzeptiert man jedoch die Einschränkung auf die obligatorische, von der Öffentlichkeit geführte, verantwortete und legitimierte Schule, so zeigt ein Blick auf die jüngere Entwicklung, dass eben diese Öffentlichkeit bezüglich Governance einen gewissen Bedeutungsverlust erfahren hat. Die entsprechenden Verschiebungen auf gesamtschweizerischer und kantonaler Ebene nachzuzeichnen, ist Ziel des dritten und vierten Abschnitts. Im Ergebnis hat eine Governance-Struktur – besser ein Governance-Regime – Gestalt angenommen, das im fünften Abschnitt porträtiert wird. Auf dieser Grundlage kann schließlich im letzten Abschnitt die Frage nach der Leistungsfähigkeit des Bildungsföderalismus diskutiert werden. Dies wirft namentlich die Anschlussfrage nach den Kriterien auf, nach denen «Leistungsfähigkeit» bemessen werden kann beziehungsweise soll.

2 Volksschule als Objekt von Governance

Wenn von der Volksschule die Rede ist, verbindet man den Begriff gemeinhin mit der Phase der obligatorischen, in Primarschule und Sekundarstufe I unterteilten, gemäß den Intentionen von HarmoS neu auch eine Eingangsstufe beziehungsweise zwei Jahre Kindergarten einschließenden Grundbildung. Das Konzept widerspiegelt den historischen Kontext des 19. Jahrhunderts, als neben der *Verpflichtung* zum Schulbesuch das ihr korrespondierende *Anrecht* aller Kinder eingeführt wurde, eine Grundbildung zu erhalten. Die Volksschule wurde unter diesen Prämissen in Weiterentwicklung bereits bestehender Formen institutionalisiert. Im Zuge dieser Entwicklung erhielten auch Einrichtungen und Verfahren der Führung und Aufsicht ihre bis gegen Ende des 20. Jahrhunderts gültige Grundform: Zuständig für die Volksschule als *öffentliche* Schule sind die Kantone, die Führung der einzelnen Schulen obliegt den Gemeinden. Die Aufsicht ist je nach Kanton Sache lokaler, zum Teil auch regionaler Behörden oder kantonaler Inspektorate. So gesehen ist es zunächst nur folgerichtig, wenn der vorliegende Bericht der Volksschule ein eigenes Kapitel widmet. Kaum jemand wird sich daran stoßen, entspricht das doch der allseits geläufigen Betrachtungsweise.

Dennoch sollte es hier, im Rahmen einer an der *Zukunft* des *gesamten* schweizerischen Bildungswesens interessierten Wortmeldung, erlaubt sein, den Begriff auf seine Tauglichkeit auch im 21. Jahrhundert zu befragen. Dabei zeigt sich, dass es weiterhin berechtigt ist, die Volksschule als eigenständigen Bereich zu thematisieren, wenn man auf das Kriterium des *Obligatoriums* abstellt. Tatsächlich endet die Schulpflicht weiterhin mit dem Abschluss der Sekundarstufe I. Anders stellt sich die Situation dar, wenn man das *Anrecht* aller Kinder und Jugendlichen auf eine Bildung in Betracht zieht, die sie zur Übernahme von Rollen in Arbeitswelt, Öffentlichkeit und Gesellschaft befähigt. Geht man mit Bund und EDK von dem Ziel aus, dass 95 Prozent der Heranwachsenden einen Abschluss auf Sekundarstufe II erreichen können und dieses Ziel schon praktisch erreicht ist (EDK 2015a), kann man mit Recht folgende Frage stellen: Bedarf der Volksschulbegriff nicht einer zeitgemäßen Neubestimmung, in der eine Sekundarstufe II für alle (Zulauf 2000) als konstitutives Element zu betrachten wäre? Zudem bekennen sich maßgebende Akteure zu einem Bildungsweg, der die gesamte Lebensspanne übergreift. Daher wäre es konsequent, auch den Bereich der Weiterbildung als tragende Säule eines gemeinsamen und jedem oder jeder offenstehenden Schulwesens aufzufassen, das die dauerhafte Teilhabe an Arbeitswelt, Öffentlichkeit und Gesellschaft zu gewährleisten vermag. Dies würde auch der Tatsache zumindest nicht widersprechen, dass lebenslanges Lernen zunehmend als Überlebensressource in der modernen Gesellschaft verstanden wird.

Man mag einwenden, dass ein dergestalt erweitertes Verständnis der Volksschule weitreichende Reformen nach sich ziehen würde, die die Steuerung des Systems betreffen – dies nicht zuletzt wegen der je eigenen Strukturierung der Berufsbildung, der Mittelschulen und des Weiterbildungsbereiches. Dieser (potenzielle) *Reform*aufwand wäre allerdings gegen den (realen) *Koordinierungs*bedarf zwischen den getrennten Bildungsbereichen abzuwägen, der unter den Bedingungen gegenwärtiger Governance weiter anwächst. Als völlig unrealistische Utopie erschiene dann möglicherweise die Vorstellung nicht mehr, eine Volksschule könnte auch in Bezug auf Führung und Aufsicht von der Vorschulstufe bis zur Maturität und dem Lehrabschluss reichen und Weiterbildung einschließen. Der hier verfügbare, knapp bemessene Raum gestattet es allerdings nicht, diese Idee weiter zu vertiefen. Das Kapitel beschränkt sich darauf, die auch so noch hinreichend komplexen Verhältnisse in der herkömmlichen obligatorischen Grundbildung zu behandeln. Es richtet seine Aufmerksamkeit also auf die obligatorische Schule, das heißt auf die zurzeit noch neunjährige, mit dem HarmoS-Konkordat auf elf Jahre ausgedehnten und innerhalb staatlicher Strukturen zu erfüllenden Schulpflicht.

Damit hat man es mit einem Bereich des öffentlichen Bildungswesens zu tun, der gegenüber Tendenzen, die sich in den vorangehenden und nachfolgenden Stufen in Gestalt eines wachsenden Privatschulsektors immer stärker bemerkbar machen, (noch) relativ stark abgeschirmt ist. Gemeint sind die Tendenzen der privaten Bildungsanbieter, die Konzeption der Bildung als öffentliches und in staatlichen Strukturen generiertes Gut zugunsten ihrer Auffassung, dass sie ein privates, nach Marktgesetzen bereitgestelltes und erworbenes Gut sei, aufzuweichen. Mit dem «end of schooling as we know it» (Hopmann 2013) und damit einer Situation, in der sich die Frage der Governance auf ziemlich neuartige Weise stellen würde, ist hier somit einstweilen nicht zu rechnen. Gegen eine rasche Verstärkung von Privatisierungstendenzen im Bereich der obligatorischen Schule spricht nicht nur der Umstand, dass die Lehrprogramme der (noch vergleichsweise wenigen) Privatschulen zum offiziellen Lehrplan konform und staatlich gewährleistet sein müssen, sondern auch die Beobachtung, dass Vorstöße zur Einführung von Bildungsgutscheinen und zur freien Schulwahl im demokratischen Entscheidungsprozess bisher stets gescheitert sind. Der Grundsatz der Öffentlichkeit der Volksschule scheint in der politischen Kultur der Schweiz noch immer gut verankert und mehrheitsfähig zu sein.

Dabei beinhaltet Öffentlichkeit der obligatorischen Schule zwei Komponenten, nämlich eine ideelle und eine institutionelle. In ideeller Hinsicht ist von einem noch recht umfangreichen Konsens auszugehen, wonach Grundbildung ein allen Bürgerinnen und Bürgern gemeinsames und in gemeinsamer Verantwortung zu pflegendes Gut ist. Dies wiederum widerspiegelt sich in Formen institutionalisierter Kontrolle und Steuerung und darin, dass Leistungen, die von den Akteuren in diesem Feld, besonders von den Lehrerinnen und Lehrern, erbracht werden, durch eine politisch verfasste Öffentlichkeit legitimiert werden. Allerdings sind in jüngerer Zeit Brüche sichtbar geworden, die sowohl den erwähnten Konsens als auch die etablierten Arrangements der Kontrolle und Legitimation betreffen. Von vielen unbemerkt hat sich über die vergangenen 25 Jahre hinweg ein Wandel vollzogen, in dessen Verlauf die hergebrachte tripolare Struktur von demokratischer Öffentlichkeit, Schule und Staat um einen vierten Pol, denjenigen der Wissenschaft, erweitert wurde. Induziert durch Entwicklungen auf internationaler Ebene, erlangte das Referenzsystem Wissenschaft zunehmende Bedeutung sowohl im bildungspolitischen Entscheidungsprozess als auch als autoritative Instanz bei der Beurteilung des Handelns der Akteure im Schulfeld. Im nachfolgenden Abschnitt wird dieser Wandel in groben Zügen beschrieben.

3 Transformation der Governance in jüngerer Vergangenheit

Wenngleich die obligatorische Schule sich bis heute als noch relativ stabiles System darstellt, ist nicht zu verkennen, dass sie in jüngerer Vergangenheit einige signifikante Transformationen erlebt hat. Diese wirken sich gerade auf die Formen der Kontrolle, Steuerung und Legitimation aus. Als 1990 der OECD-Länderbericht zur schweizerischen Bildungspolitik erschien, wurde darin der Finger besonders auf einen wunden Punkt gelegt: auf die Fragmentierung der Zuständigkeiten im föderalistischen und auf Subsidiarität aufbauenden System sowie, komplementär dazu, auf das Desiderat vermehrter Koordination und Harmonisierung (EDK 1990). In den darauffolgenden 25 Jahren hat sich in dieser Hinsicht bekanntlich manches verändert. Mit HarmoS lancierte die EDK ein bildungspolitisches Reformprojekt, das klar darauf abzielt, zentrale Parameter – Bildungsziele, Gliederung und Dauer der obligatorischen Schule, sprachregionale Lehrpläne und anderes mehr – zu harmonisieren. Mit der Verabschiedung und Inkraftsetzung des HarmoS-Konkordats wurde auch ein für den Verbund der Kantone wichtiges Etappenziel erreicht. Auf der Ebene des Bundesstaats untermauern die 2006 in die Verfassung aufgenommenen Bildungsartikel die Tendenz zur Koordinierung u.a. damit, dass erstmalig eine (noch immer subsidiäre) Entscheidungsbefugnis des Bundes festgeschrieben wurde. Im Zuständigkeitsgefüge von Bundesstaat und Staatenbund liegt damit das Schwergewicht weiterhin bei Letzterem. Aber immerhin betritt der Bundesstaat als neuer Akteur die Szene. Wohl nicht ganz untypisch für die Schweiz wird Neues geschaffen, ohne das Alte zu ersetzen.

Obwohl die Umgestaltung auf nationaler Ebene in Angriff genommen wurde, hat sich somit die «Geometrie» der Steuerung des Gesamtsystems einstweilen erst graduell verändert. Auch das HarmoS-Konkordat unterliegt der Ratifizierung durch die Kantone, von denen einige den Entscheid aufgeschoben oder den Beitritt abgelehnt haben. Und der Test, in dem der Bund seine Kompetenz tatsächlich geltend macht, steht zumindest noch aus. Gleichwohl verdichten sich im Konkordat einige Elemente, die in den letzten Jahren – wenngleich noch nicht gesamtschweizerisch realisiert – in den Formen der Governance im interkantonalen System wie auch innerhalb der einzelnen Kantone bereits deutliche Spuren hinterlassen haben. Besonders hervorzuheben sind die folgenden:

a. Wachsende Bedeutung des Referenzsystems Wissenschaft im bildungspolitischen Planungs- und Entscheidungsprozess wie auch für die öffentliche Anerkennung bildungspolitischer Entscheide

Es entspricht einem globalen oder zumindest in der westlichen Welt einem säkularen Trend, Wissenschaft als relevanten Bezugspunkt sozialen Handelns in nahezu allen Lebensbereichen aufzufassen (Drori et al. 2003). Wissenschaftlichkeit wird somit auch immer mehr zum vorherrschenden Kriterium, wenn Entscheidungen von Organisationen und individuellen Akteuren beurteilt oder legitimiert werden.

Säkulare Veränderungen dieser Art vollziehen sich nicht einfach von selbst und auch nicht in allen gesellschaftlichen Bereichen in derselben Weise. Es bedarf dazu einer Konstellation von einander verstärkenden Entwicklungen und von Akteuren, die sie vorantreiben. Im Fall der Bildung sind es zunächst internationale Organisationen, allen voran die OECD und ihr Centre for Educational Research and Innovation (CERI). Diese leisten im Interesse der internationalen Vergleichbarkeit einem Wissenschaftsverständnis Vorschub, das sich an quantitativ-analytischem Denken und entsprechender Dekontextualisierung empirischer Daten orientiert. Die allgemeine Bedeutungszunahme der Bildungswissenschaft vollzieht sich hier, indem ein bestimmter Typus der Wissensproduktion gegenüber anderen Zugängen und Verfahrensweisen privilegiert wird, ohne dass sich dies immanent begründen lässt. Diese Privilegierung äußert sich im Übrigen nicht nur in der Verteilung von Forschungsmitteln, sondern auch in einer politisch-medial hergestellten beziehungsweise verstärkten öffentlichen Aufmerksamkeit. Die Etablierung einer Bildungswissenschaft, die – im zweifachen Wortsinn – «zählt», verbindet sich mit ökonomischen Interessen – diese fokussieren umso stärker auf Bildung, je mehr diese als wirtschaftliche Ressource, als Humankapital identifiziert wird und die «Produktionsstätten» dieser Ressource – Schulen, aber auch ganze Bildungssysteme – in einer Logik rationalen, das heißt «produktiven» Wirtschaftens vorgestellt werden können.

Es wäre verfehlt anzunehmen, die eben sehr grob umrissene Entwicklung hätte sich gleichsam hinter dem Rücken der Schweiz abgespielt. Vielmehr haben sich Teile der schweizerischen wissenschaftlichen und ökonomischen Elite beteiligt und aktiv an ihr mitgewirkt und zentrale politische Akteure im nationalen politisch-administrativen Feld haben sie unterstützt oder zumindest gebilligt. Dieses zunächst nationale Netzwerk hat – im Verbund mit vergleichbaren Akteuren anderer Zentrumsnationen – zur Entstehung einer supranationalen Community beigetragen, die fortan als externe Einflussgröße die Architektur der Bildungsgovernance auf nationaler Ebene wesentlich mitbestimmt. Dort manifestierte sich die Annäherung von Wissenschaft und Politik zunächst eher symbolisch, etwa in der Lancierung nationaler Forschungsprogramme, die nach der *Wirksamkeit unserer Bildungssysteme* oder nach dem Verhältnis zwischen *Bildung und Beschäftigung* fragten. Institutionell auf Dauer gestellt sind demgegenüber den Exekutiven nahe Gremien wie etwa die Schweizerische Koordinationskonferenz Bildungsforschung (CORECHED) und die Schweizerische Koordinationsstelle für Bildungsforschung (SKBF), die unter anderem für die Erstellung der schweizerischen Bildungsberichte als Grundlage für eine «evidenzbasierte» Bildungspolitik verantwortlich zeichnet.

Heruntergebrochen auf Governance im Bildungsbereich folgt daraus eine sich verstärkende Tendenz, Aufsicht und Kontrolle unter Zuhilfenahme wissenschaftlicher Methoden wahrzunehmen, Steuerungsentscheide auf wissenschaftlich generiertes Wissen («evidence») abzustützen und sie zugleich auf dieser Basis zu legitimieren. Letzteres ist umso eher möglich, als auch die Adressaten entsprechender Entscheide zunehmend bereit sind, diese aufgrund ihrer wissenschaftlichen Untermauerung als legitim anzuerkennen.

Das Repertoire der konkreten Formen, in denen sich der skizzierte Wandel manifestiert, ist mittlerweile allgemein bekannt. Es betrifft zunächst die *Modelle*, mit deren Hilfe der Gegenstand von Governance konzipiert wird. Der deutungsoffene, mit einer Vielzahl von Konnotationen verknüpfbare Begriff des Bildungswesens hat dem Modell eines produktiven, einen bestimmten Input in erwünschten Output transformierenden «Systems» Platz gemacht – und damit die Vorstellung von Steuerung als einem Kreislauf begünstigt, in dem sich von der (wissenschaftlichen) Messung des Outputs eindeutig auf erforderliche Modifikationen auf der Inputseite schließen lässt. Ein vergleichbarer Wandel ist für einzelne *Schlüsselbegriffe* zu konstatieren. Ein prominentes, mit der erwähnten Kreislaufidee unmittelbar verknüpftes Konzept ist jenes der «Accountability», das die Transformation von Input in Output dadurch expliziert, dass es den damit betrauten Akteuren (neu) eine bestimmte Funktion in der Systemsteuerung zuweist. Ebenfalls zentral ist das Konzept der «Kompetenz» als einer Qualität, die ausschließlich dem Individuum zuzurechnen und mit wissenschaftlichen Mitteln erfassbar ist. (Dazu mehr weiter unten im Zusammenhang mit der Engführung der Bildungsziele.) Zu erwähnen sind schließlich die *Methoden,* die zur Erfassung und Analyse der Systemleistungen in Anschlag gebracht werden. Dabei wird in international vergleichenden Leistungsmessungen (PISA etc.) wie auch in Lernstandserhebungen auf nationaler oder kantonaler Ebene das Instrumentarium quantitativer psychometrischer Forschung klar favorisiert, während zwar «subjektivere», aber durch unmittelbare Erfahrung gestützte Beurteilungen etwa durch Repräsentanten der Lehrerprofession an Gewicht verlieren.

Was die Transformation der Governance betrifft, lässt sich zusammenfassend Folgendes als wichtigstes Resultat konstatieren: Ihr Bezugspunkt hat sich weg von der Öffentlichkeit und Politik hin zur Wissenschaft verschoben und parallel dazu hat eine «Politisierung» der (Bildungs-)Wissenschaft bei gleichzeitiger «Entpolitisierung» der Politik stattgefunden.

b. Tendenzielle Dekontextualisierung und Engführung von Bildungszielen durch Orientierung an operationalisierbaren Kompetenzen

Die neue Steuerungslogik, die im HarmoS-Konkordat zum Ausdruck kommt, findet ihren Niederschlag nicht zuletzt im Umgang mit den Zielen der Bildung. Wie dem Faktenblatt des Generalsekretariats EDK vom 10. Juni 2015 zu entnehmen ist, wird die verfassungsmäßige Verpflichtung der Kantone zu deren Harmonisierung, das heißt zur *Bestimmung nationaler Bildungsziele,* umgehend als Auftrag zur *Beschreibung von Grundkompetenzen* in den Hauptfächern bis zum Ende des 2., 6. und 9. Schuljahres (HarmoS 4, 8 und 11) interpretiert, die derselben Quelle gemäß den «Kern» schulischer Bildung ausmachen (EDK 2015b). Trotz ihres hoch angesetzten Stellenwerts richten sich diese Grundkompetenzen als *Leistungsstandards* ausdrücklich nicht direkt an die Schulpraxis. Sie werden zu Richtgrößen für Entwickler von Lehrplänen, Lehrmitteln, Evaluationsinstrumenten und Tests erklärt, die einerseits die Schulpraxis orientieren und andererseits die Leistungsfähigkeit des gesamten Systems und seiner Teilsysteme erfassen sollen. Zwar finden auch außerhalb des «Kerns» liegende Fächer und Ziele Erwähnung. Sie sind gemäß EDK in den sprachregionalen Lehrplänen enthalten, werden jedoch auch in diesen im Format der Kompetenzen dargestellt.

Die Bemühungen, präzise definierte, verbindliche und überprüfbare Ziele der Volksschulbildung zu bestimmen, führen somit zu folgenden Resultaten: zu der Abspaltung eines «Kerns» von allen übrigen Bereichen, einer relativen Privilegierung ebendieses «Kerns» sowie einer verstärkten Entkopplung von Logik und Instrumentarium der Systemsteuerung einerseits und schulischer Praxis anderseits. Damit einher geht die Tendenz zur Dekontextualisierung dieser Ziele. Außerdem wird – als Konsequenz der Kompetenzorientierung und angesichts der Definition gemeinsamer, nationaler Ziele eigentlich paradox – der historisch verankerte Auftrag der Volksschule, zum sozialen Zusammenhalt beizutragen, in gewissem Maße ausgeblendet.

4   Die Entwicklung in den Kantonen

Zwar regelt das Konkordat von 2009 wesentlich mehr Bereiche als jenes von 1970. Dennoch verbleibt den Kantonen ein großer Spielraum bei der Art und Weise, wie sie die Governance ihrer Volksschule organisieren. Es ist unter dieser Voraussetzung nicht selbstverständlich, dass sie in ihrer Mehrheit die oben skizzierte Entwicklung in wichtigen Aspekten autonom nachvollzogen haben. Zumeist im Gefolge der Verabschiedung eines neuen oder grundsätzlich revidierten Schulgesetzes haben zwischen 1998 und 2013 mindestens 21 Kantone eine Verordnung zum Qualitätsmanagement im Schulbereich erlassen, die in 8 Kantonen (AR, BS, LU, SG, SO, UR, ZG, OW, GL) anschließend in einem Qualitätsmanagement-Konzept konkretisiert wurde. Um sie im Einzelnen zu diskutieren, fehlt hier der Raum. Gewiss setzen diese Konzepte mehrheitlich nicht darauf, die Schülerleistungen mittels quantitativer Leistungstests wissenschaftlich zu erfassen. Auch findet kaum eine Abspaltung eines «Kerns» von Grundkompetenzen von Befähigungen in anderen Bereichen statt. Unverkennbar haben jedoch die folgenden Elemente des «neuen» Governance-Regimes auf kantonaler Ebene Einzug gehalten:

- Recht breit durchgesetzt hat sich das Modell der teilautonomen geleiteten Einzelschule, die als betriebliche Einheit innerhalb des kantonalen Schulsystems verstanden wird und als organisierter *kollektiver* Akteur nicht nur rechenschaftspflichtig ist, sondern zudem einen Auftrag zur permanenten Selbstbeobachtung (interne Evaluation), Qualitätssicherung und Weiterentwicklung zu erfüllen hat.
- Zu beobachten ist weiterhin eine Tendenz kantonaler Bildungspolitik und -verwaltung, bildungspolitische Entscheide zumindest rhetorisch auf wissenschaftsgesättigte «Evidenz» bezüglich des Outputs der genannten Betriebseinheiten abzustützen.
- Als Konsequenz dieser Umorientierung aufseiten der schulexternen Akteure ist Folgendes zu beobachten: Experten und Organisationen, die sich durch Wissenschaftlichkeit legitimieren, haben auf Kosten einerseits der politisch

mandatierten Vertretungen der Öffentlichkeit (Schulkommissionen), anderseits der sich auf praxisnahe Kompetenz stützenden Inspektorate an Bedeutung gewonnen. Der neuen Denkweise entspricht, dass neu geschaffene formelle Schulleitungen die «operative» Führung übernehmen sollen und den erwähnten Schulkommissionen nur noch die Funktion der (kaum je klar umschriebenen) «strategischen» Führung zugedacht wird (Hangartner und Heinzer 2016).
- Parallel dazu wurden über die vergangenen zwei Jahrzehnte die entwicklungsorientierten Pädagogischen Arbeitsstellen innerhalb der kantonalen Verwaltungen zurückgebaut. Dies geschah zugunsten von auf dem Markt – konkret in privaten Instituten und Beratungsbüros, Pädagogischen Hochschulen und Universitäten – verfügbaren Kapazitäten für externe Schulevaluation, Qualitätsmanagement und Schulentwicklung. In einzelnen Kantonen äußert sich dies als Aufbau von verwaltungsnahen Organisationen für Evaluation und Qualitätsmanagement.
- Der erwähnte, insgesamt expandierende Markt für Evaluations- und Beratungsdienstleistungen wird einerseits in einer Zunahme der Weiterbildungsangebote sichtbar, die auch aufstiegsorientierten Lehrpersonen den Erwerb entsprechender wissenschaftsgesättigter Expertise ermöglichen, anderseits in Vernetzungen auf der Anbieterseite (Beispiel ARGEV) im Wettbewerb mit Pädagogischen Hochschulen und Universitäten.

5 Die neue Landschaft der Bildungsgovernance

Versucht man die skizzierten Entwicklungen in der Begrifflichkeit des Educational-Governance-Ansatzes auszudrücken, so ergeben sich folgende Befunde:
- *Tendenzielle Veränderung des Charakters der Akteurskonstellation* vom Typus der *Gemeinschaft* in Richtung einer *bürokratisch-hierarchischen Ordnung*. Auf der Ebene der einzelnen Schulen äußert sich dies in der Schaffung von Schulleitungen als Funktionsträgern in der bürokratischen Struktur, auf welche die zentralen (kantonalen) Instanzen direkteren Durchgriff haben als auf die bisherigen Lehrerkollegien. Auf der Ebene des jeweiligen Gesamtsystems ermöglichen neue Instrumente wie das erwähnte Kreislaufmodell der Steuerung, die Mechanismen der Accountability sowie die Einführung (zentral kontrollierter) standardisierter Outputmessungen einen bisher nicht bekannten Grad bürokratischer Kontrolle und Steuerung und schränken komplementär dazu die Möglichkeiten der Selbstorganisation vor Ort ein.
- *Veränderte Akteurskonstellation bezüglich Art und Zahl der involvierten Ak-*

teure und ihres Gewichts im bildungspolitischen Prozess. Auf nationaler, kantonaler und lokaler Ebene beteiligen sich mit dem Bund, externen Fachstellen für Evaluation und Schulleitungen neue Akteure und erhöhen damit insgesamt die Komplexität der Governance. Parallel dazu hat eine Umverteilung der Ressourcen stattgefunden, welche die Akteure in Entscheidungsprozessen mobilisieren können. Gewinner sind all jene, die sich direkt oder indirekt qua Wissenschaftlichkeit legitimieren können. Dazu gehören generell diejenigen, die wissenschaftliche Studien in Auftrag geben beziehungsweise solche Studien durchführen können, unter Letzteren in zunehmendem Maße auch die Pädagogischen Hochschulen. Auf der Verliererseite stehen die Öffentlichkeit der «Laien» und die Profession. Die Profession sieht sich dabei mit einer widersprüchlichen Situation konfrontiert: Zwar zielt die Schaffung der Pädagogischen Hochschulen darauf ab, die Professionalität der Lehrpersonen zu stärken. Gleichzeitig sorgen die Governance-Strukturen aber dafür, dass die Entfaltung solcher Professionalität in Grenzen gehalten wird.

- *Verschiebung des Modus der Handlungskoordination* von *Beobachtung* (zwischen Schulen; zwischen Kantonen und auch international) zu *Verhandlung* (und entsprechender Festschreibung/Allgemeingültigkeitserklärung/Standardisierung) sowie *Beeinflussung.* Faktisch wird auf diese Weise die Bedeutung der Innovation durch situierte, kontextgemäße Selbstadaption in Grenzen gehalten durch verstärkte externe Steuerung. Der Innovationsbereitschaft der Lehrpersonen wird diese Situation nicht gerade förderlich sein.
- *Bedeutungszunahme zentraler Planungsinstanzen auf allen Ebenen – ausgedrückt im Wachstum an Personal, Finanzen und Entscheidungsspielraum.* Auf nationaler Ebene hat zweifellos das EDK-Generalsekretariat an Einfluss gewonnen. Ein ähnlicher Bedeutungszugewinn des Staatssekretariats für Bildung, Forschung und Innovation (SBFI) innerhalb des Eidgenössischen Departements für Wirtschaft, Bildung und Forschung (WBF) ist zumindest nicht auszuschließen. Auf kantonaler Ebene stellt sich die Situation naturgemäß vielfältiger dar. Immerhin widerspiegelt aber beispielsweise die Schaffung des Amts für Bildungsplanung im Kanton Zürich die gleiche Tendenz.

6 New Governance und Leistungsfähigkeit des Bildungsföderalismus im Bereich der obligatorischen Schule

Jeder Versuch einzuschätzen, wie sich die neue Governance der obligatorischen Schule auf die Leistungsfähigkeit des Bildungsföderalismus auswirkt, setzt zwangsläufig voraus, dass die Kriterien beziehungsweise Wertdimensionen bestimmt werden, nach denen «Leistungsfähigkeit» zu bemessen wäre. Eine solche Bestimmung lässt sich jedoch weder völlig objektiv noch abschließend vornehmen: Die Zahl denkbarer Wertdimensionen ist prinzipiell unbegrenzt, und die Auswahl und Definition entsprechender Kriterien lässt sich nicht vollständig von subjektiven Präferenzen trennen. Als pragmatischer Ausweg aus dem Dilemma bietet sich an, von den deklarierten Zielsetzungen der maßgebenden Akteure und dabei von den Texten auszugehen, welche die künftige Entwicklung nachhaltig beeinflussen dürften, nämlich von den Bildungsartikeln der Bundesverfassung und vom HarmoS-Konkordat. Beide sind erst seit relativ kurzer Zeit in Kraft, weshalb sich ihre Wirkungen in der Governance der Volksschule erst teilweise ermessen lassen. Gleichwohl soll hier eine Abschätzung versucht werden, die sich an Schlüsselbegriffen aus den beiden Texten orientiert.

a. Bildungsraum

Die 26 untereinander bisher praktisch unabhängigen kantonalen Einrichtungen des obligatorischen Schulwesens sind zusammengenommen einer von mehreren locker gekoppelten Teilen des schweizerischen Bildungswesens. Art. 61a BV trägt dieser Ausgangslage dadurch Rechnung, dass er nicht von einem System, sondern von einem *Bildungsraum* spricht, für dessen Qualität und Durchlässigkeit die Kantone und (neu) der Bund gemeinsam sorgen. Während die geforderte Koordination und Kooperation zwischen den Kantonen seit jeher und mit zunehmender Intensität im Rahmen der EDK stattfindet, sollen nun zusätzlich «gemeinsame Gremien», die den Bund einbeziehen, geschaffen werden. Es ist anzunehmen, dass sich dadurch der Koordinationsaufwand erhöhen wird. Vorstellbar ist zudem, dass die Konsensfindung durch die Schaffung einer neuen Akteurskonstellation, in welche die Spannung zwischen Zentralstaat und Föderation gleichsam eingebaut ist, eher erschwert als erleichtert wird.

b. Durchlässigkeit und Qualität

In die Durchlässigkeit des Bildungsraumes auf Volksschulstufe haben Kantone und EDK in den vergangenen Jahren viel Energie investiert. Das HarmoS-Konkordat und die damit verbundenen Projekte (sprachregionale Lehrpläne, Bildungsstandards und Monitoring) sind Ausdruck und Ergebnis dieser Bemühungen. Allerdings fokussieren sie fast ausschließlich auf Vereinheitlichungen in horizontaler Richtung, also zwischen den Kantonen. Eine Erhöhung der Durchlässigkeit in der Vertikalen, das heißt über alle Bildungsstufen hinweg bis hin zur Weiterbildung, wird im Zusammenhang von HarmoS kaum je konkret thematisiert, obgleich das lebenslange Lernen in anderen Zusammenhängen immer mehr als zentrales Desiderat dargestellt wird.

Zu fragen ist außerdem, wie weit die im Zeichen der Durchlässigkeit erfolgende Standardisierung auf gesamtschweizerischer Ebene mit der Erhaltung des Potenzials zur Selbstadaptation an die jeweiligen Bedingungen kantonaler und lokaler Kontexte verträglich ist. Der soziale und kulturelle Wandel unter anderem im Gefolge der Globalisierung kann lokale oder regionale Kontexte höchst unterschiedlich (be-)treffen. Überschießende Fixierung standardisierter Strukturen und kontextfreie und auf (kognitive) Kompetenzen verengte nationale Bildungsziele können der *Qualität* des Bildungsraums unter Umständen auch abträglich sein.

c. Harmonisierung

Der Eindruck, dass eine gewisse Indifferenz gegenüber lokal-regionalen Besonderheiten struktureller und kultureller Art herrscht, mag denn auch dazu beigetragen haben, dass das neue Governance-Regime trotz überwältigender Zustimmung zu den Bildungsartikeln nicht allseits begrüßt wird. In der Tat kann der vielzitierte Begriff der Harmonisierung nicht darüber hinwegtäuschen, dass die auf den vorangehenden Seiten beschriebenen Entwicklungen zunächst einmal eine Krise, ja einen eigentlichen Konflikt[2] ausgelöst haben, der sich durchaus auch um die Ausgestaltung der Governance dreht. Dabei ist nicht eindeutig zu entscheiden, inwiefern sich in der Opposition gegen das HarmoS-Konkordat, die in mehreren Kantonen erfolgreich war, Widerstand gegen Zentralisierung oder gegen die neue Steuerung ausdrückt. Klarer ist die Situation in der Auseinandersetzung um den Deutschschweizer Lehrplan.[3] Dabei geht es offensichtlich nicht nur um dessen Umfang und Inhalt, sondern auch um die Frage, wem – den Deutschschweizer

---

2 Ein unlängst erschienener Zeitungskommentar spricht gar von einer «Schlacht um die Volksschule» (NZZ vom 18.9.2015, 14).
3 Sichtbarer Ausdruck des Konflikts ist das kürzlich im Kanton Zürich lancierte Volksbegehren «Lehrplan 21 vors Volk». Auch in anderen Deutschschweizer Kantonen formiert sich der Widerstand gegen den Lehrplan 21 im Besonderen oder die Bildungsreformen ganz allgemein – so erkennbar etwa auf der Website *nein-zum-lp21.ch*, die das Initiativkomitee «Bildungsreformen vor das Volk» erstellt hat.

Erziehungsdirektoren, ihren wissenschaftlichen Experten oder den Stimmbürgerinnen und Stimmbürgern – es überhaupt zustehe, die Ziele der Volksschule festzulegen beziehungsweise über die erste und zweite Fremdsprache und den Beginn des Fremdsprachenunterrichts zu bestimmen.

    d. Staatliche Aufsicht

Tatsächlich lässt sich argumentieren, dass das neue Regime das im kollektiven Bewusstsein verankerte Prinzip der öffentlichen Kontrolle der Volksschule[4] grundsätzlich infrage stellt. Art. 62 BV statuiert in Bezug auf die Grundbildung nur eine staatliche, nicht aber eine öffentliche Aufsicht. Mit dem Beitritt eines Kantons zum Konkordat wird die weitere Ausgestaltung des kantonalen Schulwesens teilweise dem Zugriff der Bürgerinnen und Bürger entzogen. Und da, wo bislang Laiengremien in den Gemeinden das Gemeinwesen unmittelbar in den lokalen Schulen in Erscheinung treten ließen, sind verschiedene damit verbundene Aufgaben nun den Schulleitungen übertragen.

    Doch auch hier gilt es genau hinzusehen und eine abschließende Beurteilung erst vorzunehmen, nachdem die tatsächlich gelebte Praxis länger beobachtet wurde. Auch da, wo Schulleitungen eingerichtet wurden, sind die Laienbehörden zumeist (noch) nicht verschwunden. Die Kantone dürften trotz HarmoS einiges daransetzen, ihr besonderes Profil beizubehalten und zu schärfen. Und der Bund könnte darauf bedacht sein, seine subsidiäre Kompetenz möglichst sparsam zur Geltung zu bringen. Die gegenwärtige Situation kann daher am ehesten als Koexistenz tradierter und moderner Formen, im zeitlichen Längsschnitt möglicherweise als Etappenziel auf dem Weg von Alt zu Neu beschrieben werden.

    Wie und vor allem wie schnell die Entwicklung weitergeht, wird nicht zuletzt vom Support für das alte bzw. neue Regime in der weiteren Gesellschaft abhängen. Die erwähnte Koexistenz scheint darauf hinzuweisen, dass ein Konflikt zwischen zwei Lagern noch nicht ausgestanden ist, die man wie folgt charakterisieren könnte. Auf der einen Seite stehen jene, für die das Prinzip der Öffentlichkeit für die Volksschule konstitutiv und unantastbar ist. Demgemäß bedürfen Aufsicht und Kontrolle einer politischen Legitimation, die auf interkantonaler und nationaler Ebene nur beschränkt, auf supranationaler Ebene gar nicht zu haben ist. Im anderen Lager sammeln sich die Kräfte, für die wissenschaftliche Rationalität zentraler Bezugspunkt von Legitimation ist. Sie begrüßen das neue Instrumentarium

---

4   Die Institutionalisierung des schweizerischen Volksschulwesens im 19. Jahrhundert folgte der aufklärerischen Leitidee, dieses vom Staat organisieren zu lassen, aber in letzter Instanz der Aufsicht durch die Öffentlichkeit zu unterstellen.

für Kontrolle und Steuerung wie auch Harmonisierung und Standardisierung als Modernisierung und haben kaum Mühe mit darauf abgestützten internationalen Vergleichen.

Man tut gut daran, diesen Konflikt nicht vorschnell für entschieden zu erklären, etwa aufgrund der großen Zustimmung zu den Bildungsartikeln. Hinter diesem Resultat versteckt sich eine große Streubreite von Zustimmung und Ablehnung zwischen Regionen und Gemeinden. Analoges gilt für Volksabstimmungen über den Beitritt zum HarmoS-Konkordat, der nicht in allen Kantonen die Gnade der Stimmberechtigten gefunden hat.[5] Und es gilt auch für Urnengänge zu neuen kantonalen Schulgesetzen, die ebenfalls auf die Etablierung von Governance gemäß der neuen Philosophie abzielen.

Literatur

Drori, Gili S. et al. (Hrsg.) (2003). Science in the Modern World Polity: Institutionalization and Globalization. Stanford CA: Stanford University Press.

EDK (Hrsg.) (1990). Bildungspolitik in der Schweiz. Bericht der OECD. Bern: EDK.

EDK (2015a). Chancen optimal nutzen: bildungspolitische Ziele für den Bildungsraum Schweiz. Medienmitteilung vom 18.5.2015. https://www.news.admin.ch/message/index.html?lang =de&msg-id=57292 [13.7.2016].

EDK (2015b). Nationale Bildungsziele für die obligatorische Schule: in vier Fächern zu erreichende Grundkompetenzen. Faktenblatt Generalsekretariat EDK. Bern: EDK.

Hangartner, Judith/Heinzer, Markus (Hrsg.) (2016). Gemeinden in der Schulgovernance der Schweiz. Steuerungskultur im Umbruch. Wiesbaden: Springer VS

Hopmann, Stefan T. (2013). The end of schooling as we know it? Editorial. Journal of Curriculum Studies vol. 45, issue 1.

SKBF (Hrsg.) (2014). Bildungsbericht Schweiz 2014. Aarau: Schweizerische Koordinationsstelle für Bildungsforschung.

Zulauf, Madeleine (2000). Die Sekundarstufe II hat Zukunft. Schlussbericht der Projektgruppe Sekundarstufe II (EDK/BBT). Bern: EDK – BBT.

---

5 Bemerkenswert ist in diesem Zusammenhang auch die Stabilität des Abstimmungsverhaltens über einen längeren Zeitraum hinweg. Im Fall des Kantons Zürich zum Beispiel lässt sich zeigen, dass die *relative* Zustimmung der Gemeinden (Ja-Stimmen-Anteil) zum Konkordat von 2008 nicht nur mit den Urnengängen zum Bildungsartikel (2006) und zum neuen Volksschulgesetz (2005) hoch korreliert, sondern auch mit der Konkordatsabstimmung von 1971.

Philipp Gonon

Zunehmende Steuerungsdiskrepanzen in der Berufsbildung

1 Zur Bedeutung der Berufsbildung

Die Abschlüsse auf der Sekundarstufe II für einen Altersjahrgang liegen in der Schweiz bei einer Quote von 95 Prozent im Jahre 2013. Damit liegt die Schweiz weltweit an dritter Stelle (OECD 2015). Zu dieser hohen Beschulungs- und Bildungsabschlussquote trägt wesentlich ein weit ausgebautes und entwickeltes Berufsbildungssystem bei.

Die Berufsbildung in der Schweiz ist auf der Sekundarstufe II der bedeutendste Bildungsbereich. Der Anteil eines Jahrganges in der beruflichen Grundbildung beträgt mittlerweile wieder 70 Prozent, ein Höchststand. Ebenfalls stark gewachsen ist der tertiäre Bildungsbereich, insbesondere der Anteil der Fachhochschulabsolventen. Relativ stabil geblieben ist hingegen der Tertiär-B-Bereich, also die höhere Berufsbildung.

Die Tabelle unten weist auf die aktuelle Verteilung innerhalb der Sekundarstufe II und der daran anschließenden Tertiärstufe hin, in der die Berufsbildung ebenso eine wichtige Rolle spielt. Während gemäß Statistischem Jahrbuch 1936 lediglich 18 936 Lehrabschlussprüfungen aufgeführt wurden gegenüber 2091 Maturitätszeugnissen, haben sich diese Größenordnungen in gleicher Relation bis 1962 verdoppelt (SSB 1936 und SSB 1962). Bis Mitte der 80er-Jahre wächst die Anzahl der Lehrabschlussprüfungen kontinuierlich (auf über 60 000), um sich dann nach einem Rückgang in den 1990er-Jahren erneut seit der Jahrtausendwende auf diesem Niveau zu stabilisieren und schließlich seit einigen Jahren wieder anzuwachsen. Auch die Maturitätszeugnisse nehmen jährlich stetig zu. Nach der Jahrtausendwende wächst der Anteil proportional weit stärker, vor allem auch dank der in den 1990er-Jahren etablierten Berufsmaturität.

Hinzuweisen ist auch auf die unterschiedliche Verteilung nach Geschlechtern. So bestehen zunehmend männliche und weibliche Domänen innerhalb der Sekundarstufe II sowie auch stabile Bereiche innerhalb der Berufsbildung selbst. Während die gymnasiale Maturität zunehmend mehr von Frauen absolviert wird, ist die Berufsmaturität eher männlich geprägt. Innerhalb der Berufsbildung ist die weibliche und männliche Berufswahl seit Jahren stabil. Pflege-, Verkaufs- und Dienstleistungsberufe weisen hohe bis fast exklusive Frauenanteile auf, hingegen bleibt die industrielle Berufsbildung eine weitgehend männliche Angelegenheit.

Abschlüsse Sekundarstufe II und Tertiärstufe (2012/2013)

Abschlüsse Sekundarstufe II (2012)	Total	Frauen (%)
Gymnasiale Maturität	18 085	56,9
Berufsmaturität	13 536	47,7
Fachmaturitäten	2160	82,4
Passerelle Berufsmaturität – Universität	621	45,4
Eidgenössisches Fähigkeitszeugnis (EFZ)	60 616	45,6
Eidgenössisches Berufsattest	4309	45,0
Tertiärabschlüsse (2013)	Total	Frauen (%)
Berufsprüfungen	14 042	38,0
Höhere Fachprüfungen	2786	24,9
Diplome Höhere Fachschulen	7627	48,6
Bachelor Fachhochschulen	14 420	54,5
Master Fachhochschulen	3334	58,9
Bachelor Universitäten/ETHs	13 713	53,1
Master Universitäten/ETHs	11 865	51,4
Doktorate	3631	43,8

(Quelle: Bundesamt für Statistik 2014; Wettstein et al. 2015, 120 f.)

Auch in der öffentlichen Wahrnehmung gilt die Berufsbildung als bedeutsam, ja als Quelle des wirtschaftlichen Erfolges in der Schweiz. Folgerichtig wird gefordert, die starke Stellung der beruflichen Bildung weiterhin zu behaupten (Strahm 2010). Andere Stimmen, die einen Ausbau der akademischen Bildung fordern, bleiben demgegenüber minoritär (Zimmerli 2010). Die Berufsbildung zeichnet sich durch eine starke Vielfalt an Ausbildungsmöglichkeiten aus. In 22 Berufsfeldern lassen sich über 305 Ausbildungen erlernen (Goetze 2015). Seit einigen Jahren stagniert der Anteil der beruflichen Grundbildungen in der Industrie, während der Anteil der kaufmännischen Berufsbildungen und derjenigen im Detailhandel, wie auch im Bereich gesundheitlicher und sozialer Berufe, gestiegen ist (SBFI 2015).

2 Berufsbildung und Rahmengesetzgebung

Die Berufsbildung in der Schweiz ist im Vergleich zu anderen Bildungsbereichen bezüglich Regulierung relativ stark zentralisiert. Bereits das in den 1930er-Jahren etablierte Bundesgesetz schuf eine gesamtschweizerische legislative Grundlage für die Steuerung der Berufsbildung. Es wurde als Rahmengesetzgebung konzipiert und belässt den zentralen Akteuren, insbesondere den Verbänden, Spielräume bei der Gestaltung, Organisation und Durchführung der beruflichen Bildung. Seit 1999 wurde die Berufsbildung auch auf Verfassungsebene situiert. Im Rahmen der Revision einzelner Artikel der Bundesverfassung 2006 wurde sie auch als Bestandteil des Bildungsraums Schweiz bestimmt. Damit ist die Berufsbildung integraler Bestandteil des schweizerischen Bildungssystems.

Inzwischen sind auch alle nicht akademischen Berufe in diesem Berufsbildungsgesetz erfasst. Rein schulische Berufsbildungen sind ebenso Bestandteil des Gesetzes wie die heute dominante «duale» Berufsbildung, die auf dem Zusammenspiel von Betrieben und Schulen bzw. Staat und Wirtschaft beruht.

3 Akteure der Berufsbildungsreform im korporatistischen Regime

Die Reform der beruflichen Bildung wird stark von Verbänden und Interessengruppen, heute als «Organisationen der Arbeitswelt» (OdA) bezeichnet, gesteuert. Wie vorgängig durch die Zünfte wird das Tätigkeitsprofil, damit aber auch die berufliche Karriere der in diesem System Lernenden, betriebsübergreifend von den OdA festgelegt. Die Interessen der Betriebe, vermittelt über die Organisationen der Arbeitswelt, sind dann diejenigen, welche die (Aus-)Bildungsstandards definieren. Die Gestaltung und Reform der Berufsbilder ist die zentrale Aufgabe und Rolle der OdA, die damit die berufliche Bildung wesentlich prägen.

In diesem korporatistischen Regime beansprucht der Bund bzw. das SBFI für sich die Rolle, das Gesamtsystem auf eine allgemein gehaltene Weise strategisch zu steuern und zu entwickeln. Den Kantonen sind der Vollzug und die Umsetzung zugewiesen. So obliegt der Löwenanteil der Finanzierung und die Bereitstellung des schulischen Teils den Kantonen.

4 Beruf und Wissenschaften als Steuerungsgrößen

Die Logik der Berufe baut auf Reproduktion und Weiterentwicklung bestehender Strukturen und Programme. Die Organisationen der Arbeitswelt sind so gesehen weniger auf die individuellen Bildungsbedürfnisse und -voraussetzungen der Jugendlichen fokussiert, weniger auf Forschung und Innovation, als vielmehr an einer zeitnah angepassten Reproduktion des beruflichen Nachwuchses orientiert.

Dennoch haben Wissenschaften stärker Eingang auch in die Berufsbildung gefunden. Mehr Allgemeinbildung, das heißt mehr sprachliche, mathematische und naturwissenschaftliche Kenntnisse, haben sich als immer wichtigere Bestandteile auch der beruflichen Bildung erwiesen.

Verwissenschaftlichung und eine damit einhergehende Verschulung der Berufsbildung sind langwierige Prozesse, die historisch mit der Einführung von Zeichnen, Rechnen und Sprache zur Ergänzung der Berufslehre begannen und bis in den heutigen Berufsfachschulunterricht mündeten. Zeichnungen zu erstellen wurde für die handwerklichen und zunehmend industriellen Berufe immer bedeutsamer und sollte auch zu ästhetisch anspruchsvolleren Produkten verhelfen. Daneben gewann auch die schriftliche Mitteilung immer mehr Bedeutung für den Produktionsprozess. So ist der Anteil der nicht unmittelbar berufsfachbezogenen Bildung kontinuierlich gewachsen.

5 Governance-Schwerpunkte

a. Verschulung und Ausbildungsverbünde als Substitutionsmaßnahme

Eine Alternative zur betrieblich basierten Berufsbildung ist die Substitution berufsbezogener Ausbildung durch Schulen und schulische Berufsbildung. In beruflichen Vollzeitschulen bzw. in öffentlichen Lehrwerkstätten werden einige berufliche Grundbildungen vollumfänglich in einem schulischen Rahmen vermittelt. So sind in der Uhrenindustrie, aber auch in der Informatik viele Ausbildungen als vollzeitschulische erlernbar. Diese Maßnahme kam historisch immer dann zum Tragen, wenn keine oder zu wenige erforderliche Lehrstellen angeboten wurden. Hier sollte mithilfe der öffentlichen Hand Unterstützung geboten werden. Ein anderer Grund für die Schaffung vollzeitschulischer Angebote ist, dass die erforderlichen Qualifikationen nicht in der Arbeitswelt vermittelt werden.

Viele Betriebe können heute nicht mehr alle erforderlichen Qualifikationen vermitteln, daher kommen Teil-Substitutionsmaßnahmen stärker zum Zuge: Überbetriebliche Kurse ergänzen fehlende Kenntnisse und Fertigkeiten und führen grundlegend in Fertigkeiten ein. Seit dem neuen Berufsbildungsgesetz (2002) sind auch Ausbildungsverbünde möglich, das heißt, dass verschiedene Betriebe sich die berufliche Grundbildung teilen bzw. dass Lernende in verschiedenen Betrieben ihre Ausbildung absolvieren.

b. «Veröffentlichung» der Berufsbildung

Das öffentlich-rechtliche System hat sich – nicht zuletzt über eine stärkere Beschulung, Verwissenschaftlichung und Regulierungsdichte – in den letzten Jahrzehnten immer stärker etabliert. Berufliche Bildungsinstitutionen sind stärker in der Hand der Kantone, was Gestaltung, Finanzierung und Organisation betrifft. Wir können so gesehen heute von einer Public-private-Partnership ausgehen.

Im Unterschied zu anderen Bereichen der Bildung wird der Anteil und Einsatz der Öffentlichkeit und des Staates bezüglich Berufsbildung nicht oder kaum bestritten. Das Engagement der öffentlichen Hand wird geschätzt und erwartet, ohne dass deshalb von «Marktversagen» gesprochen wird.

c. Zunahme der Bedeutung schulischer und allgemeiner Qualifikationen

Die Ressource unspezifisches oder allgemeines Wissen erhält neben den Kenntnissen und Fertigkeiten, die sich aus der Digitalisierung der Arbeitswelt ergeben, eine größere Bedeutung. Berufsfachliche Kenntnisse wiederum werden immer mehr durch technische Kenntnisse und Ingenieurfähigkeiten komplettiert oder gar ersetzt. In der Tendenz steigen die Anforderungen, die die Betriebe stellen, was insbesondere schulleistungsschwächeren Jugendlichen den Einstieg in eine berufliche Grundbildung erschwert, wie andererseits deren Übernahme nach einer Ausbildung nicht mehr garantiert ist. Schließlich werden Führungsaufgaben und spezialisierte und wissensintensive Tätigkeitsprofile vermehrt von akademisch ausgebildeten Fachkräften besetzt. Berufliche Weiterbildung und höhere Berufsbildung haben tendenziell ebenfalls zugenommen, was denselben Gründen zuzuschreiben ist.

d. Hybridisierung des Bildungswesens

Mit der Schaffung der Berufsmaturität in den 1990er-Jahren wurde die traditionelle Kluft zwischen Berufsbildung und Allgemeinbildung insofern überbrückt, als ein Weg von der beruflichen Bildung in die Hochschulen ermöglicht wurde. Durch eine Hybridisierung von beruflichen Qualifikationen mit wissenschaftsorientiertem Wissen wurde die Durchlässigkeit der Berufsbildung ins weiterführende Bildungssystem erhöht.

Die Berufsmaturitäten und Fachhochschulen wurden in quantitativer und qualitativer Hinsicht ausgebaut und in einem stetigen Aufbauprozess stabilisiert.

Die Bildungspolitik ist seit Jahren bemüht, die Durchlässigkeit der verschiedenen Bildungsbereiche zu erhöhen. Während einerseits die institutionellen Grenzen zwischen Berufsbildung und Allgemeinbildung verflüssigt wurden, hat sich andererseits ein neuer Graben geöffnet zwischen Matur- und Nichtmatur-Bildungsgängen.

e. Gleichwertigkeit und «Andersartigkeit»

Trotz Kampagnen, die Berufsbildung als gleichwertige, aber andersartige Alternative zum traditionellen akademischen Weg zu etablieren, hält sich – eher informell – die Wertigkeit zwischen akademischer und berufsbildender Richtung. Die Demografie macht diesen Aspekt sichtbar. Bei sinkenden Jahrgangszahlen bleibt der gymnasiale Weg für die Mehrzahl die attraktivere Option, während Lehrstellen teilweise unbesetzt bleiben.

Fachhochschulen haben sich als ehemalige höhere berufliche Fachschulen durch Selbsttransformation diesen neuen Status in der akademischen Landschaft zugeschrieben und damit auch die Berufsbildung in den 1990er-Jahren unter Zugzwang gebracht. Dieser neu und gewichtig auftretende Akteur erhielt auch regionalen und parteipolitischen Support, was in der besonderen europapolitischen Konstellation in jener Zeit zu einem Umbruch in der Berufsbildung führte. Seither haben sich unter anderem auch neue Akteure, wie beispielsweise die EBMK (Eidgenössische Berufsmaturitätskommission), konstituiert, die heute in der Berufsbildung mitsprechen. Von Berufsbildungsseite wird hierbei Gleichwertigkeit als bildungspolitische Maxime für weitere Reformen hervorgehoben.

6 Integration und Positionierung der Berufsbildung im Bildungssystem

a. Anschlussfähigkeit und Durchlässigkeit

Die Berufsbildung hat sich seit den 1960er-Jahren und mit einem erneuten Schub in den 1990er-Jahren in das Gesamtbildungssystem stärker integriert und gehört heute zum «Bildungsraum» Schweiz, der sich wiederum in den internationalen (europäischen) Bildungsraum zunehmend integriert.

Seit den 1960er-Jahren ist die Berufsbildung dabei, ihren zentralen Stellenwert auf der Sekundarstufe II zu «verteidigen». Gegenüber der Bildungsexpansion, die vor allem die Gymnasien, aber auch andere Bildungsbereiche stärkte, musste diese ihren Zugang zum höheren Bildungswesen öffnen und gleichzeitig sich selbst differenzieren. Der Trend Richtung Ausbau der Gymnasien in den 1960er-Jahren hat auch die berufsbildenden Akteure unter Druck gesetzt, Reformen zu beschleunigen und diesen Bereich auch für «(schul-)begabte Jugendliche» auszubauen (Berufsbildungsgesetz 1978). Insofern ist das Thema Gleichwertigkeit (aber Andersartigkeit) eine zentrale Legitimation der Berufsbildung heute, die auch auf ihrer «Anschlussfähigkeit» an weiterführende Bildung(sgänge) und «Durchlässigkeit» im «Bildungsraum Schweiz» beruht.

b. Positionsbemühungen der höheren Berufsbildung

Zurzeit wird vor allem die höhere Berufsbildung zur «Schicksalsfrage der dualen Berufsbildung» stilisiert. Denn attraktive und arbeitsmarktrelevante zusätzliche Bildungsmöglichkeiten würden die berufliche Grundbildung weiter stabilisieren und der Wirtschaft die notwendigen Führungskräfte mit Praxiserfahrung zuführen. Mit dem Berufsbildungsgesetz aus dem Jahre 2002 wurde dieser Bereich nicht mehr als berufliche Weiterbildung, sondern als Teil des tertiären Bildungssystems bestimmt. Ein Drittel aller Tertiärabschlüsse entfällt auf diesen Bereich, der keine Maturität, sondern betriebliche Praxis als Zugangsvoraussetzung erfordert.

Während die 240 möglichen Berufsprüfungen sowie die 170 höheren Fachprüfungen von den jeweiligen Organisationen der Arbeitswelt definiert werden, gilt dies nicht für die höheren Fachschulen (52 Fachrichtungen), die von den Bildungsanbietern zusammen mit den OdA gemeinsam gesteuert werden. Bis anhin war die höhere Berufsbildung wenig reguliert und fragmentiert. Entsprechend unterschiedlich war die Finanzierung geregelt. Oft waren die Kosten für die Nachfrager erheblich und die Kantone gewährten unterschiedliche Unterstützungsmaßnahmen.

Organisationen der Arbeitswelt fordern daher mehr staatliche Unterstützung bei der Neupositionierung und Finanzierung.

Die höhere Berufsbildung befindet sich insgesamt in einem Transformationsprozess. Es findet zurzeit – getragen von einem breiten politischen Konsens – ein Standardisierungsschub statt. Durch neue Modelle der Finanzierung und Koordinierung steht die höhere Berufsbildung im Zentrum der Aufmerksamkeit und soll national und international aufgewertet werden. Sie soll ein Gegengewicht zur akademischen Bildung und den Fachhochschulen bilden und mit einer Vielzahl an Maßnahmen (z. B. Stipendienausbau und Bildungsgutscheinen) im Bildungsbereich besser positioniert werden.

7 Maßnahmen zur Erhöhung des Lehrstellenangebotes

a. Berufsbildungsfonds

In einzelnen Kantonen wurde das Instrument eines Bildungsfonds geschaffen und umgesetzt, um ein ausreichendes Lehrstellenangebot sicherzustellen. Das neue Berufsbildungsgesetz (BBG) ermöglicht ebenfalls dieses Instrument. Es «belohnt» Lehrstellenanbieter mit einer Steuerbefreiung bzw. finanziellen Unterstützung und verlangt von nicht ausbildenden Betrieben eine Abgabe, die dann wiederum zugunsten der Berufsbildung eingesetzt werden kann. Heute besteht allerdings eher ein Lehrstellenüberangebot, darum wird diese Maßnahme nur zögerlich eingesetzt.

b. Imagepflege der Berufsbildung

Die Berufsbildungspolitik versucht sich mit Werbekampagnen in Erinnerung zu rufen, um so dem mangelnden Interesse von Jugendlichen und Eltern und Qualitätsvorbehalten zu begegnen. Der Wert der Berufsbildung wird von allen involvierten Akteuren darüber hinaus medial öffentlichkeitswirksam beschworen. Dies mit Erfolg, denn nach wie vor entscheiden sich 7 von 10 Jugendlichen eines Altersjahrganges für eine berufliche Erstausbildung. Tiefe Jugendarbeitslosigkeit und wirtschaftlicher Erfolg der Schweiz werden – zuweilen etwas voreilig – mit der Berufsbildung in einen ursächlichen Zusammenhang gebracht. Die schweizerische Berufsbildung genießt daher quer über alle Akteure und Parteien hinweg einen guten Ruf. Auch das internationale Interesse an der schweizerischen Berufsbildung dient in diesem Zusammenhang vorwiegend als Selbstbestätigungs- und Legitimationsfolie, um die Qualität der hiesigen Berufsbildung hervorzuheben. Tatsächlich ist es in den letzten Jahren – nach einer längeren Phase der Stagnation und des Rückganges – gelungen, das Prestige der Berufsbildung stabil zu halten und insgesamt das Lehrstellenangebot auszuweiten.

8 Grenzen der Leistungsfähigkeit der Governancestruktur

Die Wirkungen der jüngsten Reformen sind noch nicht in allen Belangen erkennbar.

a. Ausbildungsbereitschaft der Betriebe als Schlüsselgröße

Wie erfolgreich ein Berufsbildungssystem ist, zeigt sich darin, ob die Integration in den Arbeitsmarkt gelingt bzw. ohne größere Reibungsverluste vonstattengeht.

Die Berufsbildung ist auf die Ausbildungsbereitschaft der Betriebe und deren Fähigkeit angewiesen, nicht nur um die erwünschten Kenntnisse und Fertigkeiten zu erzeugen, sondern auch um für die einzelnen Nachfrager bzw. Lernenden Karrieremöglichkeiten zu eröffnen. Lehrstellenangebote wie auch Ausbildungsbereitschaft sind keine stabilen Größen. Zwar wird den Betrieben nach wie vor eine hohe Ausbildungsbereitschaft bescheinigt, aber dennoch lassen sich sektorenspezifisch Unterschiede ausmachen. Gesamthaft betrachtet, bildet auch in der Schweiz lediglich eine Minderheit der Betriebe aus. Die Hauptverantwortung bzw. Hauptlast liegt auf den kleinen und mittleren Betrieben. Während für verschiedene z. B. gewerbliche und gastgewerbliche Berufe ein akuter Nachwuchsmangel herrscht – auch mit Folgen für die Nachwuchsrekrutierung –, sind die Bewerberquoten z. B. für Informatikberufe und für andere Bereiche um ein Vielfaches höher als das Angebot. Es ist Bestandteil des Geschäftsmodells einiger Betriebe (z. B. im Elektrogewerbe), dass Lehrlinge sehr früh produktiv eingesetzt werden und sich ein Ausbildungsplatz auch für den Betrieb finanziell auszahlt.

Die demografische Entwicklung der letzten Jahre macht es heute für bestimmte Berufsgruppen im Gewerbe und für kleinere Betriebe schwieriger, genügend «geeignete» Lernende zu finden. Denn die technologische Entwicklung sowie die verschärften globalen Wettbewerbsbedingungen führen auch bei kleineren gewerblichen Betrieben dazu, dass sie ihre Anforderungen erhöhen.

b. Arbeitsmarktfähigkeit als Zielsetzung der Berufsbildung

Arbeits- und Stellenmarktmonitor-Studien (siehe Sacchi und Salvisberg 2014) zeigen darüber hinaus, dass die Chancen von Lehrlingen, nach Lehrabschluss in eine Festanstellung übernommen zu werden, äußerst stark differieren. Bei kaufmännischen Berufen und in einigen gewerblichen Tätigkeiten ist die Quote tief, im Gesundheitsbereich, aber auch im Bauwesen hingegen hoch. Bildungsökonomische Studien weisen darüber hinaus darauf hin, dass die langfristigen Karrieremöglichkeiten für Berufsleute in einer Vielzahl von Berufen, wenn auch je nach Branche verschieden, vergleichsweise niedriger sind als für rein schulisch-akademisch Ausgebildete (Wössmann 2015).

c. Fachkräftemangel

Der Import von Fachkräften in vielen mittleren und höheren Positionen der Industrie und der Dienstleistungen ist ein weiteres Indiz, dass das bestehende Bildungssystem möglicherweise zu stark auf die Berufsbildung konzentriert ist. Es besteht ein «Mismatch» zwischen offenen Stellen im Dienstleistungsbereich und inländisch ausgebildeten Personen. Darüber hinaus lassen sich auch Mängelberufe z. B. in der Informatik und Pflege und nicht zu besetzende Lehrstellen, vor allem im gewerblichen Bereich, identifizieren. Die Migrationsbewegungen der letzten Jahre in die Schweiz zeigen, dass neben einem Grundstock an wenig Qualifizierten immer mehr auch ein Anteil hochqualifizierter Arbeitskräfte im Bereich der Führung und in akademischen Berufen, vor allem im Gesundheitsbereich, nachgefragt wird – ein Bedarf, der nicht über das inländische Bildungssystem abgedeckt werden kann.

d. Erhöhte Qualifikationsanforderungen in der Arbeitswelt

Insgesamt sind die Anforderungen an die berufliche Arbeit in den letzten Jahren gestiegen. Im Zeitraum von 1992 bis 2015 sank die Beschäftigung in der Landwirtschaft, in einfachen Büroberufen, im Handwerk und in einfacheren Tätigkeiten im Maschinenbau, während andererseits in den Dienstleistungsberufen und im Verkauf, in den technischen Berufen, in Führungstätigkeiten und im Besonderen in akademischen Berufen ein starker Anstieg zu beobachten war (Huwiler 2015). Einfache Qualifikationen und unqualifizierte Tätigkeiten sind aber nicht verschwunden.

e. Berufsbildungspolitische Fragestellungen

Es stellt sich aus der Sicht des Arbeitsmarktes also generell die Frage, ob das schweizerische Bildungssystem genügend hochqualifizierte Personen hervorbringt. Die Weichenstellungen der letzten Jahrzehnte haben zwei Bildungsgefäße hervorgebracht bzw. gestärkt: die Berufsmaturität und die höhere Berufsbildung. Erstere hat den Anteil der Akademikerquote dank Ausbau der Fachhochschulen in der Schweiz deutlich erhöht. Auch mit der höheren Berufsbildung soll der Anteil der Führungskräfte in der Wirtschaft ausgebaut werden.

Die zentralen bildungspolitischen Fragen im Bereich der beruflichen Grundbildung bestehen darin, ob genügend Lernende für die erforderlichen Berufstätigkeiten ausgebildet werden und ob diese Ausbildungen den Anforderungen des Arbeitsmarktes entsprechen. Um das Potenzial für die Berufsbildung auszubauen und breiter abzuschöpfen, werden neben Jugendlichen vermehrt auch wieder Erwachsene als Zielgruppe fokussiert: Ihnen soll ein erleichterter Zugang zur beruflichen Grundbildung ermöglicht werden.

Wenn in bestimmten Berufen zu wenig Lernende ausgebildet werden oder auch zu wenig Ausbildungsplätze angeboten werden, bleiben folgende Möglichkeiten offen: Imagepflege und Werbung, Substitution der betrieblich basierten

Berufsbildung durch vollzeitschulische Organisationen und die Durchsetzung eines Bildungsfonds.

9 Fazit: Wandelnde Akteurskonstellationen, geringe Steuerbarkeit und Meritokratisierung des Bildungssystems als Herausforderungen

Neben dem Bund sind die Kantone (bzw. die Berufsbildungsämter) durch die stärkere Akzentuierung der Fachhochschulen und bildungspolitische Maßnahmen, um den Fachkräftemangel zu beheben, gewichtiger in Erscheinung getreten. Die Berufsverbände, sprich OdA, als die zentralen und klassischen Akteure hingegen sind nolens volens in diese Reformdynamik eingebunden. Es haben sich in der Berufsbildung im Verlaufe der Jahre weitere Akteure ins Spiel gebracht: die EDK, die Fachhochschulen, ja auch die Gymnasien und Universitäten, dann aber auch die politischen Parteien, wissenschaftliche Akteure, publizistisch tätige Einzelpersonen, schließlich auch transnationale Akteure wie die OECD und die EU, die den Bildungsdiskurs bestimmen und einen Reformdruck Richtung berufliche Bildung aufrechterhalten.

Die heutige Berufsbildung muss sich auf einen wandelnden Arbeitsmarkt einstellen, der stärker global eingebunden ist und mehr wissenschaftlich ausgerichtete und allgemeinbildende Qualifikationen erfordert. Dem stetigen Ausbau von Dienstleistungen («Tertiarisierung») der Wirtschaft entspricht eine Zunahme tertiärer (d.h. hochschulbezogener) Bildungsgänge. Damit werden Übergänge und betriebsnahe Rekrutierungsstrategien komplexer.

Die Berufsbildung konnte dank eines Zusammenspiels von Akteuren auf nationaler und regionaler Ebene, dank einer Vielzahl von Maßnahmen (neue Bildungsgefäße wie die Berufsmaturität und die höhere Berufsbildung, aber auch durch Maßnahmen wie Lehrstellenbeschluss und weitere gesetzliche Revisionen), auch dank einer – über alle Parteigrenzen und sozialpartnerschaftlichen Friktionen hinweg – konsensual geprägten politischen Legitimationskampagne und auch einer finanziell soliden Basis ihre Stellung halten. Fachkräftemangel, berufsständisch-korporatistische Regulierung bzw. Reform der Berufsbilder, Attraktivität und Optionenreichtum gegenüber der gymnasial-akademischen Bildung wie auch ihre internationale Positionierung sind Themen, welche die Akteure immer wieder neu herausfordern.

Die Berufsbildung von heute muss aber auch global «anschlussfähig» sein (z.B. was den Nationalen Qualifikationsrahmen betrifft). Diese Fragestellung verkompliziert die stark branchen-, regional und national ausgerichteten Aushandlungsprozesse.

Damit einher geht eine erschwerte Steuerbarkeit der beruflichen Bildung. Wohl können Ausbildungsorganisationen und Verbände – ähnlich wie der Bund – Standards aushandeln, einsetzen und überprüfen, dennoch können Angebot und Nachfrage nur schwerlich reguliert werden.

Angesichts des heutigen Trends, dass Jugendliche und Eltern vermehrt nach höherer Bildung aspirieren und in der Dienstleistungsgesellschaft industrielle, landwirtschaftliche und gewerbliche Berufe weiterhin weniger angeboten und auch nachgefragt werden, bleibt der Bildungspolitik vorwiegend die Rolle, die traditionell etablierte und als «bewährt» eingestufte berufliche Bildung zu propagieren und legitimieren.

Die Berufsbildung muss weiter für leistungsstärkere Jugendliche eine attraktive, auch bildungsbezogene Perspektive bieten. Gleichzeitig muss sie aber auch leistungsschwächere Jugendliche einbeziehen können. Sie ist nun selbst stärker einer – im «klassischen» Bildungssystem dominanten meritokratischen Logik unterstellt: Schulleistungsbezogene Kriterien haben für die Selektion der Lernenden im Betrieb wie für bildungsbezogene Laufbahnen an Bedeutung gewonnen.

Die Berufsbildung muss sich demgemäß weiter ausdifferenzieren und Durchlässigkeiten ermöglichen, ohne dabei ihre Kohärenz zu gefährden bzw. ihre Attraktivität einzubüßen.

Quellen

BFS (Bundesamt für Statistik) (2014). Abschlüsse und Kompetenzen – Abschlussquote auf der Sekundarstufe II. Neuchâtel: Bundesamt für Statistik.
Goetze, Walter (2015): Was sind Anforderungsprofile? Wie wurden sie erarbeitet? Wie sollen sie eingesetzt werden? http://www.sgv-usam.ch/fileadmin/user_upload/deutsch/2015/medienkonferenzen/20150323_mk-anforderungsprofile/20150323_pk_anforderungsprofile_referat_goetze_de.pdf [13.7.2016].
OECD (2015). Bildung auf einen Blick. OECD: Paris.
SBFI (2015). Berufsbildung in der Schweiz – Fakten und Zahlen. Bern: SBFI.
SSB (Schweizerisches Statistisches Büro) (1936). Statistisches Jahrbuch der Schweiz. Zürich: Neue Zürcher Zeitung.
SSB (Schweizerisches Statistisches Büro) (1962). Statistisches Jahrbuch der Schweiz. Zürich: Neue Zürcher Zeitung.

Literatur

Huwiler, Jud (2015). Das Ende der Arbeit? (10–13). In: Die Volkswirtschaft – das Magazin für Wirtschaftspolitik, 11.
Sacchi, Stefan/Salvisberg, Alexander (2014). Ungleiche Arbeitsmarktchancen in den Ausbildungsberufen (47–50). In: Die Volkswirtschaft – das Magazin für Wirtschaftspolitik, 12.
Strahm, Rudolf (2010). Warum wir so reich sind. Bern: hep.
Wettstein, Emil et al. (2015). Berufsbildung in der Schweiz. 2. Aufl. Bern: hep.

Wössmann, Ludger (2015). Bildung schafft Wohlstand (29). In: Neue Zürcher Zeitung, 236, 21.10.2015.

Zimmerli, Walter (2010). Duale Bildung – (k)ein Auslaufmodell? www.berufsbildung-ost.ch/wp-content/uploads/2010/11/Praesentation_Zimmerli_Berufsbildung_vs_Akademische_Bildung.pdf [12.4.2016].

Anton Hügli und Rudolf Künzli

Die Lehrerinnen- und Lehrerbildung auf der Suche nach ihrem Ort im Hochschulsystem der Schweiz

1 Einleitung

In den 90er-Jahren ist die schweizerische Lehrerinnen- und Lehrerbildung grundlegend umgestaltet worden. Ziel dieser Umgestaltung ist ihre Vereinheitlichung und ihre Neupositionierung im tertiären Bildungssystem der Schweiz. Mit der Vereinheitlichung ist die Schaffung gesamtschweizerisch anerkannter Lehrdiplome verbunden. Die Neupositionierung bedeutet eine vollständige Tertiarisierung der Ausbildungen und eine entsprechende Transformation der bestehenden Bildungseinrichtungen. Diese erfolgte im Kontext der Errichtung von Fachhochschulen, die für die Schweiz neben den Universitäten einen neuen Hochschultypus darstellen. Anders als die höheren Berufsbildungen, die eidgenössisch geregelt sind, verblieb die Lehrpersonenbildung in der Rechtshoheit und Trägerschaft der Kantone. Auch der Regelzugang über eine allgemeinbildende Matura hebt die Lehrkräftebildung von den übrigen Fachhochschulbereichen ab. Ihre besondere Nähe zu den Universitäten wird durch das Erfordernis einer fachwissenschaftlichen Grundbildung in den Schuldisziplinen und durch deren unmittelbaren Bezug zu den universitären Kerndisziplinen akzentuiert. Diese Zwischenstellung zwischen Fachhochschulen und Universitäten ist ein Charakteristikum der Pädagogischen Hochschulen (PHs). Symptomatisch dafür: Gemäß dem 2011 geschaffenen Hochschulförderungs- und -koordinationsgesetz (HFKG) bilden die PHs, obwohl sie rechtssystematisch als Fachhochschulen gelten, neben den Universitäten und den Fachhochschulen eine eigene Kammer.

Aufgrund unterschiedlicher historischer Ausgangsbedingungen, kantonaler und regionaler Interessen und politischer Kräftekonstellationen gibt es markante Unterschiede zwischen den verschiedenen PHs. Sie unterscheiden sich deutlich in Struktur, Größe und Aufgabenschwerpunkten, im Profil ihres Lehr- und Forschungspersonals, in der Regulierung und Führungsorganisation. Der Ort der Lehrpersonenbildung im Hochschulsystem ist aufgrund ihrer Zwischenstellung und ihrer kantonal unterschiedlichen Positionierung in mancher Hinsicht noch immer offen und Gegenstand weiterer Auseinandersetzungen. Differenzen im Selbstverständnis als Hochschulen zeigen sich sowohl bei der Gestaltung des Verhältnisses von Forschung und Lehre als auch in deren unterschiedlicher Gewichtung und Ausstattung, ferner bei den Anforderungen an das Lehrpersonal und bei der den PHs zugestandenen Autonomie in Lehre, Forschung, Weiterbildung und Dienstleistung. Die weitere Entwicklung der PHs erfolgt im Rahmen gesamtschweizerischer Empfehlungen, in Auseinandersetzung mit kantonalen Interessenkonstellationen und im Verbund und im Wettbewerb der PHs untereinander. Sie stehen dabei in einem doppelten, die schweizerische Bildungsgovernance insgesamt prägenden Spannungsfeld. Das erste Feld betrifft den teils offenen und teils latenten Streit um den Status und die Förderung von akademischen und berufspraktischen Bildungsgängen, das zweite ist durch den Antagonismus zwischen gesamtstaatlicher Vereinheitlichung und der Behauptung kantonaler und regionaler Diversität bestimmt.

In Bezug auf den Motor der Entwicklung stellen sich zu dem Thema Governance Fragen wie die folgenden:
- Wer waren die maßgeblichen Akteure? Was waren ihre Ziele, ihre Handlungsstrategien und ihr Einflusspotenzial?
- Welche Konflikte hat dieser Prozess erzeugt? Wie gehen die Akteure mit diesen Konflikten um, von welchem Selbstverständnis sind sie geleitet?
- Wie wirken dabei die verschiedenen politischen Entscheidungsebenen – die schweizerische, die regionalen und kantonalen – aufeinander ein?

2 Der Prozess der Tertiarisierung

Auf der regulatorischen Ebene verfügt die Schweizerische Konferenz der kantonalen Erziehungsdirektoren (EDK) bis Anfang der 1990er-Jahre kaum über die Möglichkeit, gestalterisch Einfluss auf die Lehrpersonenbildung zu nehmen. Ihre Mittel sind Empfehlungen, Erklärungen und Konkordate. Mit diesen können jedoch lediglich freiwillige Koordinationen in Gang gesetzt werden. Das verbindlichste Instrument der interkantonalen Bildungszusammenarbeit sind die interkantonalen Vereinbarungen (Konkordate). Die Wirksamkeit dieses Instrumentes ist gegeben, wenn jeder einzelne Kanton jedem einzelnen Konkordat beitritt. Die Inkraftsetzung der Konkordate ist abhängig von einem Quorum beitretender Kantone. Der seit 2006 geltende BV-Artikel gibt diesem Instrument zusätzliches Gewicht, indem er die kantonale Koordination in bestimmten Sektoren des Bildungsbereichs fordert und, wo diese kooperativ nicht realisiert wird, dem Bund eine nationale Regelung ermöglicht.

Ein erster regulatorischer Schritt zur Vereinheitlichung der Lehrerbildung erfolgte 1993, als die Plenarversammlung der kantonalen Erziehungsdirektoren sich auf eine interkantonale Vereinbarung über die Anerkennung von Ausbildungsabschlüssen einigte. Sie war das Ergebnis einer Jahre dauernden Diskussion über die Neugestaltung und Vereinheitlichung der Lehrpersonenbildungsprogramme, die im Wesentlichen von dem Schweizerischen Seminarlehrer-Verein (SSLV), dem Schweizerischen Pädagogischen Verband (SPV) und der nachmaligen Schweizerischen Gesellschaft für Lehrerinnen- und Lehrerbildung (SGL) geführt wurde (Hoffmann-Ocon und Hardegger Rathgeb 2015).

Dieses Konkordat bot die rechtliche Basis, um gewisse Standards für die Ausbildungsprogramme zu setzen. Erfolgt ist dieser Schritt mit den interkantonalen Diplomanerkennungsvereinbarungen von 1998/99, die in verschiedenen Arbeitsgruppen der EDK erarbeitet worden sind. Die Anerkennungsreglemente enthalten Vorgaben zur gesamtschweizerischen Anerkennung der weiterhin kantonal erteilten Lehrdiplome. Die Vorgaben betreffen Ausbildungsstrukturen (Ausbildungsbereiche und deren zeitliche Anteile), die Qualifikation der Ausbildner und die Lehrpersonenkategorien (Unterrichtsberechtigung für Schulstufen und Schulfächer) (EDK 1999). Ihre Umsetzung bleibt ebenso wie alle institutionellen und organisatorischen Bestimmungen und Regulierungen in der Zuständigkeit der Kantone. Die Reglemente sind im Verlaufe der Umsetzungsprozesse aufgrund kantonaler Widerstände und neuer Anforderungen mehrfach angepasst worden, zum Beispiel was die Regelung der Zulassungen angeht oder die Anzahl der Schulfächer für die verschiedenen Lehrpersonenkategorien (EDK 2005). Größere Anpassungen erforderte der Beschluss, die Lehrpersonenbildung analog zu den übrigen Hochschulstudiengängen den internationalen und nationalen Vorgaben der im Bologna-Prozess vereinheitlichten Studienstrukturen anzugleichen. Auch die Finanzierungsfrage ist offengeblieben – abgesehen davon, dass die Ausbildungskosten der in andern Kantonen studierenden Kantonsangehörigen gegenseitig verrechnet werden können.

Zu den maßgeblichen Dokumenten auf dem Weg zur Tertiarisierung gehören die von einer EDK-Expertengruppe erarbeiteten «Thesen zur Entwicklung Pädagogischer Hochschulen» von 1993 (EDK 1993) und die an diese anschließenden «Empfehlungen zur Lehrerbildung und zu den Pädagogischen Hochschulen» von 1995 (EDK 1995). Die «Thesen» entwerfen ein Leitbild für die künftigen Pädagogischen Hochschulen in der Schweiz, deklarieren die Ansprüche insbesondere an die Qualität der Forschung und die Qualifikation der Lehrenden, die Pädagogische Hochschulen zu erfüllen haben, und zeigen auf, wie die Tertiarisierung der Lehrpersonenbildung in der Schweiz vorangetrieben werden könnte. Die «Empfehlungen» der EDK halten sich an die Vorschläge der Expertengruppe – mit einer wichtigen Einschränkung: Entgegen dem Vorschlag der Arbeitsgruppe werden die

Pädagogischen Hochschulen nicht dem universitären Bereich, sondern den Fachhochschulen zugeschlagen und die Zugangsvoraussetzungen entsprechend gelockert. Entscheidend für den gesamten Vereinheitlichungsprozess ist die in Empfehlung 7 genannte Bedingung, dass «das Ausbildungsprogramm und das Prüfungssystem an den Pädagogischen Hochschulen» den Anforderungen der interkantonalen Diplomvereinbarung und der Anerkennungsreglemente zu entsprechen habe.

Die PHs entstanden in praktisch allen Fällen aus der Überführung und Zusammenführung der zahlreichen bereits bestehenden, beruflich breit ausdifferenzierten eigenständigen regionalen und kantonalen vor- und nachmaturitären Lehrpersonenbildungseinrichtungen. Dieser Prozess erfolgte unter der ausschließlichen Zuständigkeit, Regulierung und Verantwortung der federführenden Kantone. So wurden die meisten Dozierenden der «alten» Einrichtungen in kantonal unterschiedlich geregelten formellen und abgestuften Verfahren in die PHs überführt. Einen gewissen lockeren Rahmen bildeten dafür die Vorgaben zu den erforderlichen Qualifikationen des Ausbildungspersonals in den Anerkennungsreglementen der EDK. Das Ergebnis dieses Prozesses bestimmt die Personalstruktur der PHs noch heute. Die «innere Tertiarisierung» (bezogen insbesondere auf die Qualifikation der Lehrenden und die Qualität von Forschung und Lehre) ist – schon aus diesem Grund – personalpolitisch und ausbildungspraktisch längst nicht abgeschlossen. Sie zum Abschluss zu bringen, ist eine der zentralen Herausforderungen in der Personalentwicklung und Personalpolitik der Hochschulleitungen.

Durch die Ausgangslage wurden auch in institutioneller Hinsicht die Weichen gestellt: Die Ausbildung der Lehrerinnen und Lehrer für die obligatorische Volksschule war bis zur Gründung der PHs in allen Kantonen außer in Genf ein außeruniversitärer und mehrheitlich auf der Sekundarstufe II angesiedelter Teil der kantonalen Bildungssysteme. Mit Universitäten verbunden war sie teilweise über die Fachausbildung der Lehrkräfte der Sekundarstufen I. Die fachliche Ausbildung der Lehrkräfte für die Sekundarstufe II (Gymnasien) war Aufgabe der Universitäten und der Ausbildungsinstitutionen für Kunst und Musik. Mit der Tertiarisierung der gesamten Lehrpersonenbildung setzt sich diese Zweiteilung, die auch die «Empfehlungen» der EDK nochmals bekräftigt haben, als Trend fort: Lehrkräfte der Volksschule und des Kindergartens werden an PHs ausgebildet, die Fachausbildung für die Lehrkräfte der Sekundarstufe I erfolgt teilweise und die für die Sekundarstufe II vollständig an den Universitäten und den Hochschulen für Musik und Kunst, ihre pädagogisch didaktische Ausbildung dagegen zum Teil auch an PHs. Übergreifende Perspektive ist jedoch in allen Ausbildungszweigen die berufsfeldorientierte Qualifikation und die Deckung des Bedarfs an Lehrpersonen für die Schulen in staatlicher Trägerschaft.

Aus der Governance-Perspektive ist der Umstand bemerkenswert, dass der Tertiarisierungsprozess sich in einem engen Zusammenspiel von Akteuren der Berufsorganisationen, den politischen Exekutiven der Kantone und dem nationalen Koordinationsorgan EDK und dessen Generalsekretariat entwickelte. Diese Akteurskonstellation hat sich weiter gefestigt. Die Bindung der Schweizerischen Konferenz der Rektorinnen und Rektoren der Pädagogischen Hochschulen (COHEP) an die EDK beziehungsweise an deren Generalsekretariat ist, wie beide Seiten konstatieren, zunehmend enger geworden (Ambühl und Stadelmann 2011).

Bereits 2003 ist der Tertiarisierungsprozess formal und institutionell abgeschlossen, mit insgesamt 14 neu gegründeten, aber höchst unterschiedlich ausgestalteten PHs. Eine unmittelbare Folge der kantonalen Trägerschaft sind die zum Teil eklatanten Unterschiede in der Größe (Zahl der Studierenden und Lehrenden etc.), den finanziellen Ressourcen und dem Grad der Anbindung an die kantonalen Bildungsdepartemente. Mit der Bildung interkantonaler Trägerschaften und entsprechender Verbundsysteme konnten allerdings größere Einheiten geschaffen und die kantonale Bindung etwas gelockert werden. Im Fall der Pädagogischen Hochschule der Fachhochschule Nordwestschweiz (PHFHNW), die von den vier Kantonen Aargau, Basel-Stadt, Basel-Land und Solothurn getragen wird, waren die vom Bund vorgegebenen fünf regionalen Fachhochschulregionen Grundlage für die Integration und Fusion der kantonalen Lehrpersonenbildungsinstitutionen. Vergleichbar, aber außerhalb der Fachhochschulen, erfolgte die Fusion in der kleingliedrigen Innerschweiz zur Pädagogischen Hochschule Zentralschweiz (PHZ), die im weiteren Prozess wegen Unstimmigkeiten über die Finanzierung wieder in drei selbstständige Einheiten aufgeteilt wurde. Neuenburg, der französischsprachige Teil des Kantons Bern und Jura ebenso wie Schaffhausen und Zürich sind Kooperationsverbünde eingegangen. Die PH Thurgau hat eine Kooperationslösung mit der Universität Konstanz gefunden. Die PH Zürich ist, unter dem Dach der Fachhochschule Zürich, anders als die PHFHNW, eine selbstständige Institution.

Diese organisatorische und institutionelle Vielfalt, die unterschiedlichen Größenverhältnisse und vor allem auch die unterschiedliche, standortbedingte Distanz der einzelnen PHs zu den Universitäten werden einer einheitlichen Entwicklung der Lehrerinnen- und Lehrerbildung auch in Zukunft im Wege stehen. Diese hinderlichen Faktoren wirken sich in mehrfacher Weise aus: auf die Konvergenz der Lehrpersonenkategorien und das Verhältnis von Forschung und Lehre ebenso wie auf die Bildung und Finanzierung von Forschungsverbünden, die Rekrutierung und Zusammensetzung des Personals und die Möglichkeit, einen eigenen Mittelbau aufzubauen. Für die kleinen Hochschulen mit ihrem relativ geringen

Einzugs- und Versorgungsbereich wird es eine besondere Herausforderung darstellen, den Umschwung zwischen einem übermäßigen Ansturm ausbildungswilliger Lehramtsstudierender und rapide sinkender Nachfrage zu bewältigen, der dem Wechselspiel von Lehrkräftemangel und Lehrkräfteüberfluss geschuldet ist.

Aufgrund der skizzierten Zwischenstellung zwischen Universitäten und Fachhochschule hat die Lehrpersonenbildung ihren Ort im Hochschulsystem noch nicht gefunden. Der geforderte Hochschulstatus kann sowohl universitäre Einrichtung bedeuten wie auch Fachhochschule. Beide Möglichkeiten wurden de facto realisiert. Auch das HFKG schreibt die Zweiteilung von Universitäten (inkl. Eidgenössischen Technischen Hochschulen) auf der einen und Fachhochschulen auf der anderen Seite fest. Die Konferenz der Rektorinnen und Rektoren der Pädagogischen Hochschulen der Schweiz (COHEP) war bestrebt, sichtbar zu machen, dass die PHs sich von diesen beiden Hochschultypen unterscheiden, und sie als dritten zu etablieren. Dies hat zumindest dazu geführt, dass den PHs im HFKG eine der drei gleichrangigen Kammern im Rahmen der Swissuniversities zugestanden wurde, was praktisch einer Anerkennung als eigener Hochschultyp gleichkommt. Formal aber bleiben sie, was sie nach dem erklärten Willen der EDK und dem Hochschulverständnis der Rektorenkonferenz der Schweizer Universitäten (CRUS) zu sein haben: Fachhochschulen.

Dies hat Folgen, insbesondere für die auch innerhalb der PHs umstrittene Frage des Promotionsrechts. Zurzeit herrscht die Meinung vor, dass das Promotionsrecht aus Gründen der Qualitätssicherung, der hochschulpolitischen Arbeitsteilung und der Ökonomie den Universitäten vorbehalten bleiben soll. Auf jeden Fall setzt ein solches Recht nach geltender Hochschulordnung zumindest in der deutschsprachigen Schweiz habilitierte Dozenten voraus. Maßgebliche Akteure der Pädagogischen Hochschulen erachten jedoch ein eigenes Promotionsrecht als unverzichtbar für die Rekrutierung eines typengerecht ausgebildeten und sozialisierten Personals. Aktuell werden kooperative Promotionsmodelle zwischen einzelnen PHs und Universitäten favorisiert, so etwa im Rahmen der von der CRUS und der COHEP angestrebten Schaffung gemeinsamer Zentren für Fachdidaktik (EDK 2013).

Bei aller verbliebenen Vielfalt hat der Tertiarisierungsprozess wesentliche Grundlagen gelegt, um seine Hauptziele zu erreichen: a) die Vereinheitlichung der Ausbildungen und der Lehrdiplome und – mit dem neuen HFKG – b) die (allerdings noch nicht hinreichend geklärte) Positionierung der Lehrerbildung im schweizerischen Hochschulsystem. Diese zwei Punkte sollen im Zentrum der nachfolgenden Darlegungen stehen.

3 Vereinheitlichung der Ausbildung und der Lehrdiplome

Ein programmatisches Ziel der Umgestaltung der Lehrerinnen- und Lehrerbildung ist ihre gesamtschweizerische Vereinheitlichung. Diese darf als eine späte föderale Einlösung des bereits in der Bundesverfassung von 1874 formulierten Auftrages des Bundes gelten, dafür zu sorgen, «daß derartige (von den Kantonen erlassene Ausweise zur Ausübung wissenschaftlicher Berufe sc. AH/RK) für die ganze Eidgenossenschaft gültig erworben werden können» (Art. 33). Die Vereinheitlichung wird auf zwei Wegen angestrebt: a) durch Diplomanerkennungen, b) durch Akkreditierung.

Das Diplomanerkennungsrecht ist Ausfluss aus der in Art. 62 der Bundesverfassung verankerten kantonalen Schulhoheit. Es ermöglicht es den Kantonen, gemeinsame Mindestanforderungen für den Lehrberuf zu definieren, Vorgaben für die Berufszulassung festzulegen und die Voraussetzungen für die Erteilung von Lehrdiplomen zu überprüfen. Es bildet auch die Referenz für die Anerkennung ausländischer Diplome.

Die Umsetzung neuer Regelungen, etwa zum Quereinstieg in die Lehrerinnen- und Lehrerbildung, zum Erwerb von Befähigungen für zusätzliche Fächer und Klassenstufen oder zur Qualifizierung von Primarlehrpersonen für die Sekundarstufe I, löst in der Regel eine Überprüfung der Anerkennung aus.

Personen mit anerkanntem Diplom sind in allen Kantonen zur Berufstätigkeit zugelassen. Dies ermöglicht national und international berufliche Mobilität.

Die Vorgaben der Anerkennungsreglemente sind rechtlich bindend. Sie legen jedoch für Ausbildungsprogramm und Prüfungssystem nur Minimalbedingungen fest. Alle institutionellen Fragen lassen sie offen, und sie lassen auch reichlich Spielraum für inhaltliche curriculare Konkretisierung (Künzli et al. 2012; Criblez 2010b). Neben der Diplomanerkennung bildet darum die institutionelle Akkreditierung einen zweiten, davon abgetrennten Steuerungsmodus mit eigenen Rechtsgrundlagen, Zuständigkeiten, Gegenständen, Kriterien, Verfahren und Wirkungen; Überschneidungen mit der Diplomanerkennung gibt es kaum. Um sich als Pädagogische Hochschule bezeichnen zu können, werden PHs sich künftig nach HFKG institutionell akkreditieren lassen müssen.

Die Bedingungen für die Zulassung zu den Pädagogischen Hochschulen, die das Bundesparlament in Artikel 24 HFKG geregelt hat, entsprechen in weiten Teilen dem Diplomanerkennungsrecht. Es gibt allerdings zwei wichtige Unterschiede zwischen dem Bundesrecht und der interkantonalen Rechtsgrundlage: Das interkantonale Recht sieht für die Ausbildung von Lehrpersonen der Vorschulstufe/Primarstufe statt der obligatorischen Zulassung mit Fachmaturität eine bloß fakultative Zulassung vor, und bei der Ausbildung für die Vorschulstufe genügt schon ein Fachmittelschulausweis. Nach HFKG obliegt es künftig dem Hochschulrat, die Voraussetzungen festzulegen und gleichwertige Vorbildungen zu definieren. Die Folge dieser Regelungen sind die bereits jetzt schon gravierenden Ungleichheiten bei den Zulassungsbedingungen, die zwischen den PHs und zwischen den einzelnen Ausbildungsgängen vorliegen. Beispielsweise verfügte 2012 nur die Hälfte aller Studierenden für die Vorschul- und Primarstufe über eine gymnasiale Matur und nur etwas mehr als zwei Drittel der Lehramtsstudierenden für die Sekundarstufe I (EDK 2013). Damit vergrößert sich wiederum der Abstand der PHs zu den Universitäten mit ihrem an eine gymnasiale Matur gebundenen Zugangsweg.

4 Positionierung der Lehrpersonenbildung im Hochschulraum

Die skizzierte Zwischenstellung der PHs zwischen den an der Spitze der akademischen Werthierarchie stehenden Universitäten und Technischen Hochschulen auf der einen und den Fachhochschulen auf der andern Seite wirft steuerungsrelevante Fragen zu ihrer künftigen Entwicklung auf. Dies gilt insbesondere für die notorischen Probleme, die sich schon zu Beginn des Tertiarisierungsprozesses abgezeichnet haben (Hügli 1996): die Verbindung von Forschung und Unterrichtspraxis, die Integration von Forschung in die Hochschule und die Rekrutierung des Personals. Ihrer Idee und Herkunft nach verstehen sich die PHs selbst nicht als Fachhochschulen, wie schon die «Thesen zur Entwicklung Pädagogischer Hochschulen» deutlich machten. Allerdings ist diese Wahrnehmung von einem wenig differenzierten und veralteten Bild der Fachhochschulen geprägt, die aus der Perspektive vieler Lehrerbildner primär als formal überführte höhere Fachschulen des technisch-handwerklichen Bereichs gelten. Die PHs sind vorderhand jedoch nicht in der Lage, universitäres Prestige zu erlangen, und werden von den Universitäten nur bedingt und sektoriell unterschiedlich als ernstzunehmende Partner anerkannt. Diese ungelösten und in einem komplexen Transformationsprozess verständlichen Identitätsprobleme stellen sowohl sachlich als auch ideell ernsthaft zu bearbeitende Herausforderungen hochschulpolitischer Regulierung dar.

5 Der Wissenschafts- und Forschungsbezug und die Bedeutung der Schulpraxis

Die Frage, wie weit die Professionalisierung der Lehrkräfte der Wissenschaft bedarf und wie weit für deren Ausbildung eine unmittelbare Verknüpfung mit einer eigenständigen Forschung erforderlich ist, war in der Geschichte der Lehrkräftebildung seit je umstritten und ist es bis heute geblieben. In den einzelnen Kantonen und Lehrpersonenbildungseinrichtungen werden diese offenen Fragen unterschiedlich beantwortet. Dies erschwert eine kohärente Entwicklung der PHs in allen wesentlichen Belangen: in ihrer Positionierung, ihrer Programmatik und ihrer Struktur.

Die Antwort auf die Frage nach dem Wissenschaftsbezug der Lehrpersonenbildung hängt letztlich mit dem Berufsverständnis der Profession zusammen: Ist der Lehrberuf ein Handwerk, eine Wissenschaft, eine Kunst oder mehreres gleichzeitig? Die Realität jedenfalls ist und bleibt: Schulen sind Wirkungsstätten mit eigenen Gesetzmäßigkeiten und eigener Kultur, die eine Initiation und Sozialisation in der Praxis vor Ort erfordern. Wie immer man die Theorie dieser Praxis auch verstehen mag, sie ersetzt nicht die Praxis, und die Sozialisation in einer Hochschule – gleich welcher Art, ob Universität oder PH – ersetzt nicht die Sozialisation im Praxisfeld der Schule. Strukturell gesehen ist die Ausbildung von Lehrkräften darum eine typisch duale Ausbildung mit den zwei Eckpfeilern Schule und Betrieb. Wie jede duale Ausbildung kämpft sie mit dem notorischen Problem, genauer zu bestimmen, wie groß die relativen Anteile von theoretischer Ausbildung und Praxis sein sollen und wie das in den Schulen objektivierte Praxiswissen mit wissenschaftlichem Wissen verknüpft werden kann. Dieses Problem zeigt sich auch in der Frage, ob und wie weit eine akademische Sozialisation in den Erziehungswissenschaften oder in den Referenzdisziplinen der Schulfächer eine hinreichende Voraussetzung für Lehrende in der Lehrpersonenbildung ist oder ob dafür auch qualifizierte praktische Lehrerfahrung in den entsprechenden Lehrberufen gefordert werden muss. Man schafft damit zugleich ein Folgeproblem: Wie können alle diese Qualifikationen in einer Person vereinigt werden?

Alles in allem gesehen befinden sich die PHs auch aus diesen Gründen in einer prekären Situation, die sie allerdings mit andern Fachhochschulen etwa im Bereich der Kunst oder der Musik teilen.

Erstens: Die Positionierung der PHs als Fachhochschulen rechtfertigt sich aus der allgemeinen Erwartung (von Lehrerschaft, Schulen und Öffentlichkeit) und dem expliziten politischen Auftrag zur beruflichen Qualifizierung von Lehrpersonen. Dieser Auftrag steht in einem noch kaum hinreichend geklärten Verhältnis zu dem programmatischen Auftrag der Fachhochschulen, Forschung zu betreiben. Die PHs legen diesen Auftrag unterschiedlich aus. Was «forschungsbasierte und praxisorientierte Lehre» (Fäh 2015, 230) heißen kann oder heißt, ist regulativ nirgends geklärt. Man kann in diesem Bereich von einem experimentellen Hochschulentwicklungsstadium sprechen. Während an einzelnen Hochschulen Forschung Teil der Anstellungsverträge wenigstens eines Teiles der Dozierenden ist, sind an anderen eigene Forschungseinrichtungen entstanden, deren Personal nur in geringem Umfang auch in der Lehre tätig ist. Sehr unterschiedlich ist auch der Anteil an finanziellen und personellen Aufwendungen für Forschung und Entwicklung in Relation zum Gesamtaufwand der Hochschulen. Was Forschung zur beruflichen Ausbildung beiträgt, ist offen. Studierende sind kaum je nennenswert in Forschungsaktivitäten eingebunden.

Zur Abgrenzung gegenüber dem uneingeschränkten Forschungsauftrag der Universitäten verwenden die Pädagogischen Hochschulen gemäß den «Empfehlungen» der EDK die programmatische Formel von der «berufsfeldbezogenen Forschung». Wie weit eine solche Unterscheidung kategorial taugt, ist zumindest für den gesamten Bereich der Bildungsforschung und der Fachdidaktiken höchst umstritten. Wenn das Kriterium de facto bedeuten sollte, dass die Qualifizierung von Forschungsprojekten als «berufsbezogen» primär davon abhängt, wer sie in Auftrag gibt und finanziert, wäre das kaum eine zukunftsfähige Forschungspolitik.

Zweitens: Der Anspruch der Pädagogischen Hochschulen auf Qualifizierung und Reproduktion des eigenen Ausbildungspersonals und auf Weiterentwicklung der an ihnen angesiedelten Berufswissenschaften stößt auf den programmatischen Anspruch der Universitäten, die einen solchen Auftrag als ihr wissenschaftliches Alleinstellungs- und substanzielles Unterscheidungsmerkmal gegenüber den andern Hochschultypen reklamieren. Aber auch unabhängig von der Haltung der Universitäten: PHs sind gar nicht in der Lage, ihr eigenes Ausbildungspersonal selbstständig hochschuladäquat zu qualifizieren, weder von den verfügbaren Ressourcen her noch von der Qualifikation ihrer Dozierenden. Sie müssen hier auf Kooperationsmodelle dringen.

Drittens: Der Widerstand, den konservative Kreise und die Anhängerschaft der seminaristischen Ausbildung gegen die Tertiarisierung der Lehrpersonenbildung leisteten, war vor allem in den Anfängen massiv. Und der Standardvorwurf der Praxisferne der PHs und der «Verakademisierung» ist – auch bei den Schulpraktikern im Feld – noch immer leicht zur Hand. Eine PH, die ihre akademischen Ansprüche allzu hoch schraubt, kann darum sehr bald auch die Akzeptanz der Abnehmerschulen und der Öffentlichkeit verlieren. Hier die Balance zu finden, ist eine weitere Herausforderung, die sich für die PHs aus ihrer prekären Position ergibt.

6 Die politische Regulierung der PHs im Konfliktfeld divergierender Interessen

Die Entwicklung der PHs erfolgt nicht in einem professionellen Schonraum. Sie steht im Spannungsfeld verschiedenster Interessen, und ihre Entwicklung ist abhängig von den Einfluss- und Steuerungsmöglichkeiten der hinter diesen Interessen stehenden Akteure auf den verschiedenen Ebenen des Bildungssystems.

Eine umfassende Beschreibung oder gar Analyse der aktuellen Regulierungsnetzwerke rund um die PHs der Schweiz ist zurzeit nicht verfügbar. Sie kann in dieser kurzen Fallstudie auch nicht geleistet werden, muss hier aber als dringendes Forschungsdesiderat angemahnt werden. Sie erst böte eine verlässliche Grundlage für eine angemessene Beurteilung der Dynamik und der Risiken ihrer weiteren Entwicklung. Der folgende Aufriss kann lediglich die Komplexität des noch kaum gefestigten Governanceregimes im Mehrebenensystem der Lehrpersonenbildung illustrieren.

Vorab muss angemerkt werden, dass von den PHs in der Schweiz insgesamt zu reden einen hohen Grad an Abstraktion bedingt. Im Rahmen der nationalen Vorgaben erbringen die PHs zwar gemeinsame und vergleichbare Leistungen. Sie tun dies aber in sehr unterschiedlichen Strukturen, sie sind eingebunden in unterschiedlich aktive und unterschiedlich mächtige Netzwerke formeller und informeller Art, sie sind unterschiedlichen Traditionen verpflichtet und agieren in unterschiedlichen soziopolitischen Umfeldern. Diese unterschiedlichen strukturellen und situativen Positionierungen haben zur Folge, dass alle Vorgaben, seien es makrostrukturell externe oder operativ interne, auf jeder Handlungsebene unterschiedliche Umsetzungen (Rekontextualisierungen) erfordern. Zugleich werden die realen Freiheitsgrade bei der Verfolgung solcher Vorgaben von den verschiedenen Akteuren unterschiedlich wahrgenommen und entsprechend unterschiedlich genutzt. Dies bestimmt wesentlich Betriebsklima und Betriebskultur der einzelnen PHs und diese wiederum rückwirkend die Handlungsspielräume ihrer Mitarbeitenden und der jeweiligen Institution in ihren Teilen und in ihrer Gesamtheit.

a. Makroebene: Die Kantone und der Bund

Eine erste Steuerung der PHs findet auf der Makroebene des bildungspolitischen Systems statt. Steuerungsakteure wirken auf kantonaler, zunehmend aber auch auf regionaler, interkantonaler, nationaler und supranationaler Ebene. In den Kantonen bestimmt nach wie vor die Versorgung eines lokal geregelten Arbeitsmarktes mit ausgebildetem Personal die Interessenlagen der Akteure; auf regionaler und nationaler Ebene stehen die Durchsetzung von konsentierbaren Anforderungen der Praxis und vergleichbaren Ausbildungsstandards sowie die Garantie des freien Zugangs zu den Hochschulen im Vordergrund. Die Verantwortung für die Lehrpersonenbildung liegt aber weiterhin bei den Kantonen. Entsprechend erfolgt auch die Finanzierung der Pädagogischen Hochschulen mehrheitlich – zu 83 Prozent – durch die Kantone. Mit Ausnahme der Forschungsförderungsmittel und projektgebundener Beiträge erhalten sie keine Bundesmittel. Die Studienangebote werden weiterhin über die Interkantonale Fachhochschulvereinbarung (FHV) mitfinanziert.

Die Folge dieses Systems: Ob und in welcher institutionellen Form Lehrpersonenbildung stattfindet, entscheiden am Ende die einzelnen Kantone. Trotz des durch die Anerkennungsreglemente geschaffenen einheitlichen Arbeitsmarkts ist das Interesse der Kantone an einer auf die Bedürfnisse ihrer eigenen Schulen zugeschnittenen Ausbildung der Lehrerinnen und Lehrer ungebrochen. Der Wille, bisherige Lehrpersonenbildungstraditionen fortzusetzen, mag dabei eine ebenso wichtige Rolle spielen wie der mit einer (weiteren) Hochschule verbundene Zugewinn an Prestige. Besonderes Gewicht haben dabei die von einer PH zusätzlich zu erwartenden Leistungen im Bereich der Lehrpersonenfort- und Weiterbildung, der Qualifikation für Zusatzfunktionen in der Schul- und Bildungsadministration und die Übernahme bisheriger departementaler Forschungsstellen und anderer Dienste. PHs werden dadurch auch zu wichtigen Eckpfeilern der kantonalen Schulentwicklungspolitik. Der Preis dafür ist eine teilweise massive Einschränkung ihrer Handlungsfreiheit.

Der große Konvergenzpunkt in der Dynamik auf dieser Ebene ist die unter Abschnitt 2 beschriebene Vereinheitlichung der Lehrkräftebildung in der Schweiz. Dass die mit dem neuen HFKG geschaffene Ausgangslage zu weiteren Konvergenzen führen wird, ist wenig wahrscheinlich. Das nationale Kooperations- und Koordinationsorgan der Entwicklung ist die analog zu der Rektorenkonferenz der Universitäten und der Fachhochschulen gebildete Konferenz der Rektoren der PHs, die COHEP, beziehungsweise neu die Kammer Pädagogische Hochschulen der Schweizerischen Konferenz der Hochschulen (Swissuniversities). In der Kammer PH vertreten sind die 15 kantonalen bzw. interkantonalen PHs und universitären Lehrpersonenbildungsabteilungen zusammen mit den Hochschulen für Heilpädagogik und Logopädie und (mit beratender Stimme) den Vertretern der Hochschulen für Berufsbildung und Sport. Die Kammer der PHs hat eine Reihe von Kommissionen, Fach- und Projektgruppen eingesetzt, welche die weitere Entwicklung der PHs in den Bereichen Aus- und Weiterbildung, Forschung und Entwicklung, Dienstleistung sowie Qualitätsentwicklung und Administration unterstützen sollen. Für die Steuerung des Hochschulbereiches Lehrerinnen- und Lehrerbildung sind damit neben den bestehenden nationalen (EDK) und kantonalen Organen, den Lehrkräfteorganisationen und den beruflichen Fachgruppen zwei neue nationale Koordinationsebenen mit Entscheidungs- und Beratungskompetenz in das schweizerische Mehrebenensystem eingezogen worden. Dies führt zu einer partiellen Entkantonalisierung der Lehrerinnen- und Lehrerbildung. Nicht mehr der einzelne Kanton mit den politischen Entscheidungsinstanzen von Parlament und Regierung allein steuert die PHs, sondern auch eigens dazu geschaffene nationale und interkantonale Leitungsgremien. Entsprechend größer wird der Entscheidungsspielraum für die einzelnen Hochschulen, aber auch das Konfliktpotenzial und der Koordinationsbedarf zwischen den verschiedenen Ebenen.

Dies ist umso problematischer, als sich mit Inkrafttreten des neuen HFKG die Frage stellt, in welcher Form künftig der Austausch zwischen der EDK und den Institutionen der Lehrerinnen- und Lehrerbildung überhaupt noch stattfinden wird. Eine mögliche Lösung ist die der Westschweizer Kantone, die im Rahmen der CIIP (Conférence intercantonale de l'instruction publique de la Suisse romande et du Tessin) inzwischen dazu übergegangen sind, Themen der Lehrpersonenausbildung in einer Konferenz zu bearbeiten, zu der nicht nur die Ausbildungsinstitutionen, sondern auch die Vertretungen kantonaler Bildungsämter gehören.

b. Mesoebene: Die Trägerkantone und die Leitung der PHs

Mit der Einführung von mehrjährigen Leistungsaufträgen und Globalbudgets nach der Logik des NPM (New Public Management) erhielten die PHs mehr Autonomie im Bereich der operativen Führung. Das bisherige Konzept politischer Steuerung wurde ersetzt durch ein System interagierender Akteure. Mit der Trennung von strategischer und operativer Führung, mit Hochschulräten auf der einen Seite und den Direktionen der PHs auf der anderen Seite, versucht man die Kompetenzen der Akteure besser gegeneinander abzugrenzen.

Durch die Etablierung autonomer PHs eröffnete sich allerdings auch eine neue Konfliktlinie: Die vordringlichen Interessen der Akteure aus der Praxis, aber auch der kantonalen Administrationen und der kantonalen Politik an praktischer Berufsqualifikation müssen mit den längerfristigen Interessen der PHs an akademischer Höherentwicklung und Professionalisierung des Berufsstandes ausbalanciert werden. Allzu ambitionierte Ansprüche der PH-Direktionen erfahren dabei allein schon aufgrund der von den Kantonen zur Verfügung gestellten Finanzmittel ihre Grenzen. Auf der anderen Seite können PHs sich gegenüber ihren Trägerkantonen auf die Vorgaben der Anerkennungsreglemente und der Akkreditierungsbehörden berufen, um ihre Ansprüche besser durchzusetzen. Sie werden dabei allenfalls unterstützt durch die oben erwähnten, auf der Makroebene geschaffenen Steuerungsorgane. Dies ändert jedoch nichts daran, dass die PHs, solange sie in kantonaler Trägerschaft verbleiben, am Ende die kantonalen Interessen bevorzugt zu berücksichtigen haben. Solche Sonderinteressen gibt es vor allem dort, wo es um spezifische Anliegen der Kantone geht, sei es im Bereich der Weiterbildung, der Zusatzausbildungen oder bei der Schaffung von alternativen Einstiegsmöglichkeiten in den Lehrberuf in Situationen des Lehrkräftemangels. Die Auseinandersetzung mit den Erwartungen und den Bedürfnissen der Trägerkantone und der sie bestimmenden politischen Kräfte ist – stärker als in den andern Hochschulen – Teil der Führungsarbeit einer PH.

c. Die Mikroebene: Die Interaktionen zwischen PH-Leitungen auf der einen Seite und Schulen, politischer Öffentlichkeit, Dozierenden, Studierenden, Universitäten und anderen Hochschulen auf der anderen Seite

Der NPM-Führungslogik gehorchend sehen sich die PHs untereinander in einen sowohl ökonomischen wie konzeptionellen Wettbewerb gestellt. Der Hauptfaktor des ökonomischen Wettbewerbs ist die Finanzierung über Studierenden- und Absolventenzahlen auf der Basis einer gesamtschweizerischen und damit vergleichbaren Rechnungslegung. Ein zweiter Faktor ist der Kampf um Drittmittel im Bereich der Forschung und Entwicklung. In Anbetracht dessen, dass nicht einmal zehn Prozent der an sich schon geringen Aufwendungen für Forschung und Entwicklung an den PHs aus Bundesmitteln stammen (Kostenrechnung Hochschulen 2012), kann dieser Faktor faktisch vernachlässigt werden.

Auch der intendierte konzeptionelle Wettbewerb um die Attraktivität der einzelnen Hochschulen für Dozierende und Studierende auf dem interkantonalen Markt spielt faktisch kaum eine Rolle. Kantonalpolitisch motivierte Standortinteressen überlagern und verzerren den Wettbewerb und verhindern allfällig notwendige Strukturbereinigungen. Die Mobilität der Dozierenden, sofern überhaupt vorgesehen und erwünscht, ist relativ gering.

Der Hauptgrund dafür, dass es nicht zur Konkurrenz kommt und der lokale Charakter der PHs weiterhin erhalten bleiben wird, ist jedoch die Selbstselektion der Studierenden: Noch immer stammen rund 80 Prozent der Studierenden aus der eigenen Trägerregion. Das handfeste Berufsinteresse der Studierenden wird dafür sorgen, dass die einzelnen PHs – allein schon um ihrer Klientel gerecht zu werden – ihre akademischen Ansprüche und ihre Forschungsaspirationen von sich aus zurückstecken werden (Denzler 2014). Noch ausgeprägter als in der Ausbildung ist die Dominanz des lokalen und kantonalen Bezugs in der Fort- und Weiterbildung der Lehrkräfte, die faktisch in einem jeder Konkurrenz entzogenen segmentierten Markt erfolgt.

Die Erwartungen der Studierenden an die PHs decken sich mit den allgemeinen öffentlichen Erwartungen: Die Berufsqualifikation hat im Vordergrund zu stehen, zu viel Forschung ist eher ein Handicap. Die PHs sind diesen Erwartungen nachgekommen. Die Vorgaben der Anerkennungskommissionen haben diesem Trend eher noch Vorschub geleistet, denn der im Anerkennungsverfahren geforderte Forschungsbezug der Ausbildung ist ohne großen Aufwand zu erfüllen. Gefordert wird bloß, dass den Studierenden Einblick in aktuelle erziehungswissenschaftliche und (fach-)didaktische Forschungsergebnisse gewährt wird und dass die von den Dozierenden betriebene eigene Forschungsarbeit, soweit vorhanden, in den Unterricht einfließt (EDK 2012). Die materiellen, personellen und finanziellen Investitionen in den Forschungsbereich sind entsprechend gering und streuen zwischen den verschiedenen PHs sehr stark. So betrug 2011 der finanzielle Aufwand für diesen Bereich von unter 5 Prozent bis zu knapp 20 Prozent der Gesamtbetriebskosten. Das Verhältnis von Dozierenden zum Mittelbau ist in den größeren PHs zwar mittlerweile auf 3:1 angestiegen. Man liegt damit im Rahmen des auch in Fachhochschulen Üblichen. Das Gefälle zu den Universitäten hin ist jedoch markant. Außerdem gibt es kaum Forschungsthemen und -methoden, die für die PHs charakteristisch wären und die nicht auch von den einschlägigen universitären Institutionen bearbeitet bzw. reklamiert würden. Die Konvergenz in den Themenfeldern und in der Bearbeitung von Forschungsproblemen jedenfalls wird, trotz aller Spezialisierung, zunehmend größer. Nicht zuletzt auch darum, weil Kooperationen zwischen den Forschenden typenübergreifend zunehmen. Man kann darin einen Trend sehen, der sich auch bei den Fachhochschulen insgesamt zeigt: Die Grenzen zwischen den verschiedenen Hochschultypen beginnen sich immer mehr zu verwischen.

Die nach wie vor großen Einflussmöglichkeiten der Kantone und der EDK sprechen dafür, dass die strukturelle Sonderstellung der PHs auf absehbare Zeit erhalten bleibt. Die Annäherung der PHs an die Universitäten wird deshalb kaum strukturell erfolgen, sondern höchstens aufgabenbezogen und über Kooperationen. Das Hauptinteresse an solchen Kooperationen wird vor allem von den Dozierenden der PHs ausgehen, denn mit der Schaffung der PHs hat sich in der Schweiz so etwas wie ein neues fachliches Selbstverständnis unter den Dozierenden eingestellt. Kennzeichen dafür ist eine größere fachliche Außenorientierung. Wurde der professionelle Diskurs in den alten Strukturen primär innerinstitutionell geführt, so intensivierten und etablierten sich im Prozess der Umgestaltung die professionellen Außenbeziehungen der Dozierenden. Nicht nur der eigene Kanton und die eigene Institution stehen nun im Vordergrund, man sucht vermehrt auch den Kontakt zu außerkantonalen, nationalen und internationalen Fachgruppen. Es ist anzunehmen, dass diese Entwicklung einer lokal kantonalen oder institutionellen Engführung der Lehrerinnen- und Lehrerbildung etwas entgegenwirkt. Sie bedeutet aber zugleich auch eine neue Herausforderung für die innerinstitutionelle und kantonale Governance.

Mehr Erfolg für die weitere Entwicklung der PHs versprechen neue Formen der Kooperation zwischen Schulpraxis und Ausbildung. Es geht dabei um die Steuerung über professionelle Kernaufgaben des Lehrberufs im Austausch mit dem Berufsfeld Schule: durch Wechselwirkung zwischen Entwicklungen im Schulfeld und Entwicklungen in den PHs. Mit dieser Öffnung zur Schulwelt hin könnten die PHs dem dualen Charakter der Lehrkräfte-Ausbildung auf adäquate Weise Rechnung tragen und zugleich ihre Akzeptanz im Praxisfeld der Schule erhöhen.

7 Kritischer Ausblick

Welchen Ort die Lehrerinnen- und Lehrerbildung am Ende finden wird, hängt wesentlich davon ab, wie sich das Hochschulsystem insgesamt entwickelt: Bleibt es bei der Zweiteilung von universitären und nicht universitären Hochschulen oder werden sich die Grenzen verwischen? Ein weiterer Faktor: Bleiben die PHs unter der Jurisdiktion der Kantone oder wird es zu einer schweizerischen Regulation kommen?

Vordringlich aber sind die Probleme zu lösen, die sich aus den heutigen institutionellen Gegebenheiten ergeben:

a. Das Problem der Abhängigkeit der PHs von den Universitäten: Dies gilt namentlich bei der Personalentwicklung, wenn es um die Forschungsqualifikation über Promotionen und Habilitation für Dozierende und Forschende an Pädagogischen Hochschulen geht. Hier müssen bis auf Weiteres Kooperationsmodelle gefördert werden, beispielsweise dadurch, dass die Praxis von kooperativen Promotionen gefördert wird. Besser zu nutzen sind zudem die im Wissenstransfer zwischen Universitäten und Pädagogischen Hochschulen liegenden Potenziale.

b. Das Problem der Anerkennung der PHs in der schulischen Berufswelt und in der breiten Öffentlichkeit: Diese Anerkennung ist zwar gemeinsame Aufgabe aller Akteure, aber entscheidend ist, was die PHs selbst tun, wie sie sich in der Öffentlichkeit darstellen und ob sie sich mit den Schulen zu einer Allianz verbinden können. Hier ist jede einzelne PH gefordert. Ob und wie es den PHs gelingt, berufspraktische Qualifizierung mit Unterrichts- und Schulentwicklungsforschung zu verbinden, wird nicht nur die Entwicklung der Erziehungswissenschaften als Disziplin bestimmen, sondern auch – über deren

Verhältnis zur Praxis (deren Wissen und deren Personal) – die Entwicklung der gesamten Profession.
c. Die große Versuchung der PHs, der einzelne bereits zu erliegen beginnen, besteht heute darin, dass sie nicht über besondere Forschungsleistungen Anerkennung in der wissenschaftlichen Welt zu erringen versuchen. Stattdessen ziehen sie es vor, zu einem Dienstleistungsbetrieb zu werden, der seine Reputation auf andere Weise aufbaut: Zur Zufriedenheit seiner kantonalen, schweizerischen und privaten Auftraggeber beteiligt er sich am lukrativen Geschäft jener Wirkungs- und Evaluationsforschung, die im Zuge von HARMOS die Daten für die von der EDK zum Ziel erhobenen einheitlichen Steuerung des schweizerischen Bildungssystems zu liefern hat, des Weiteren tut er sich mit der Konstruktion von Checks und Tests, lehrplantauglichen und testsicheren Unterrichtsmitteln und dergleichen mehr hervor. Der Status der PHs als Fachhochschulen wäre damit auf lange Sicht besiegelt. Der Umstand, dass gemäß den Zahlen von 2012 76 Prozent der Forschungsmittel der PHs von den Kantonen stammen und 17 Prozent von Privaten, ist nicht eben ermutigend.

Literatur

Ambühl, Hans/Stadelmann, Willi (Hrsg.) (2011). Wirksame Lehrerinnen- und Lehrerbildung – gute Schulpraxis, gute Steuerung. Bilanztagung II. Bern: EDK (Studien + Berichte 33A).

Criblez, Lucien et al. (2010a). Steuerung und Führung pädagogischer Hochschulen. Zur Einführung in den Themenschwerpunkt. In: Beiträge zur Lehrerbildung, 28 (2).

Criblez, Lucien (2010b). Die Reform der Lehrerinnen- und Lehrerbildung in der Schweiz seit 1990. Reformprozesse, erste Bilanz und Desiderata (22–58). In: Ambühl, Hans/Stadelmann, Willi (Hrsg.). Tertiarisierung der Lehrerinnen- und Lehrerbildung. Bilanztagung I. Bern: EDK.

Criblez, Lucien (2012). Lehrerbildung in der Schweiz – Reformprozesse, aktuelle Situation und Perspektiven (47–62). In: Bosse, Dorit et al. (Hrsg.). Reform der Lehrerbildung in Deutschland, Österreich und der Schweiz. Teil 1: Analysen, Perspektiven und Forschung. Immenhausen bei Kassel: Prolog-Verlag.

Denzler, Stefan (2014). Integration of Teacher Education into the Swiss Higher Education System. Thèse de Doctorat. Université de Lausanne.

EDK (1993). Thesen zur Entwicklung Pädagogischer Hochschulen. Dossier 24.

EDK (1995). Empfehlungen zur Lehrerbildung und zu den Pädagogischen Hochschulen.

EDK (2012). Interpretation des Anerkennungsreglements auf der Grundlage der bisherigen Anerkennungspraxis.

EDK (2013). Aktuelle Geschäfte der EDK im Bereich der Ausbildung von Lehrerinnen und Lehrern. Aktualisierte Übersicht zuhanden der Plenarversammlung.

Fäh, Barbara (2015). Pädagogische Hochschulen – vor allem der Lehre verpflichtet? Über die Bedeutung des Leistungsbereichs Ausbildung an Pädagogischen Hochschulen (215–236). In: Tremp, Peter/Thaler, Reto (Hrsg.). Die Pädagogische Hochschule gestalten. Festschrift für Walter Bircher. Bern: hep.

Hoffmann-Ocon, Andreas/Hardegger Rathgeb, Elisabeth (2015): Die SGL als Mitgestalterin pädagogischer Hochschulen. Dynamiken und Grenzen verbandspädagogischer Debatten durch Kongresse und fachinterne Arbeitsgruppen (187–214). In: Tremp, Peter/Thaler, Reto (Hrsg.). Die Pädagogische Hochschule gestalten. Festschrift für Walter Bircher. Bern: hep.

Hügli, Anton (1996). Die Empfehlungen der EDK zur Lehrerbildung. Ein Blick zurück und ein Blick nach vorn. In: Schweizer Schule 1/96.

Hügli, Anton (2000). Pädagogische Hochschule, Lehrerbildung und die unfruchtbare Suche nach einer neuen Lehrerbildungswissenschaft. In: Schweizer Schule 10/00.

Künzli, Rudolf et al. (2012). Die curriculare Transformation der Lehrerinnen- und Lehrerbildung in der Schweiz (62–80). Beiträge zur Lehrerinnen- und Lehrerbildung BzL 1.

Lehmann, Lukas (2010). «Jeder Kanton bleibt im übrigen frei» – Zum Wandel der Steuerung der Lehrerinnen- und Lehrerbildung (212–223). In: Beiträge zur Lehrerinnen- und Lehrerbildung, 28 (2).

Tremp, Peter/Thaler, Reto (Hrsg.) (2015). Die Pädagogische Hochschule gestalten. Festschrift für Walter Bircher. Bern: hep.

Karl Weber und Rudolf Künzli

Die Hochschulen in der Welt des Wissens

1 Einleitung

Hochschulen sind spezialisierte soziale Orte der Rezeption, Produktion, Transformation und Vermittlung von (wissenschaftlichem) Wissen, indem sie vier Aufgaben erfüllen: Lehre, Forschung, Weiterbildung und Dienstleistungen. Sie stellen den wissenschaftlichen Communities den organisationalen Rahmen zur Verfügung, der es diesen ermöglicht, die Standards und Kriterien für die Prüfung und öffentliche Anerkennung von wissenschaftlichem Wissen sicherzustellen. Seit den 1990er-Jahren begann sich in der Schweiz der Raum der Hochschulen unter der Leadership verschiedener Akteure in mehreren Schüben zu transformieren und zu differenzieren. Ausgelöst wurde dieser Prozess durch zahlreiche Reformen wie beispielsweise die Revision des Berufsbildungsgesetzes, die Konkordate zur Anerkennung der Diplome der EDK (EDK 1993 und EDK 1999) und gezielte Initiativen von Repräsentanten der höheren Berufe und einzelner Akteure wie das Memorandum der Direktoren der höheren Technischen Lehranstalten. Nach der Ablehnung des Beitritts der Schweiz zum europäischen Wirtschaftsraum 1992 schienen Hochschulreformen dringlicher und die Zeit für ihre Realisierung günstig. Es kam zu einer quantitativen und qualitativen Ausweitung des Hochschulbereichs. Bestehende Einrichtungen der Ausbildung von Lehrpersonen, der technischen, wirtschaftlichen und der sozialarbeitsbezogenen Bildung wurden reorganisiert und in der vertikalen Struktur des Bildungssystems neu positioniert. Für andere Ausbildungsrichtungen wie die Pflege und das Design wurden auf dieser Ebene neue Bildungsmöglichkeiten geschaffen. Die bisherigen Konservatorien und die Schulen für Gestaltung wurden in den Fachhochschulbereich integriert. Mit diesen Reformen reagierten die hochschulpolitischen Akteure auf nationale und internationale Entwicklungen und berücksichtigten auch programmatische Aussagen internationaler Organisationen wie etwa der OECD. Sie trugen den europaweiten Prozessen zur Angleichung der Studienbedingungen und gegenseitigen Anerkennung der Hochschulabschlüsse Rechnung.

Neu nehmen alle Hochschulen einen Forschungsauftrag wahr. Daher vollzog sich die Neuformierung des Hochschulraumes nicht nur als Ausdifferenzierung des Bildungssystems. Sie bezog sich immer auch auf die Entwicklung der sich international strukturierenden Wissenschaften und auf die Dynamik des Wissens allgemein. Insofern bilden Hochschulen nicht nur einen Teil des Bildungssystems, sondern sie sind ebenfalls Teil des Wissenschafts- bzw. Wissenssystems. Diese doppelte «Systemzugehörigkeit» hat sich dynamisierend auf die Formierung des Hochschulraumes ausgewirkt.

Allerdings sind die Begriffe «Hochschule», Wissenschaft» und «Wissen» heute Sammelnamen für eine Vielzahl unterschiedlicher Sachverhalte und Institutionen. In dieser Vielfalt spiegelt sich eine beschleunigte Dynamik, die seit Beginn der Neuzeit beobachtbar ist und die sich seither weiter verstetigt hat. Sie betrifft die Organisation, die Produktion, die Orientierungen der Beteiligten, die Wertung, die Kommunikation und die Nutzung von Wissen in den sogenannten Wissensgesellschaften. Im Vordergrund stehen die Technisierung, die Digitalisierung, die Ökonomisierung und die Differenzierung von Wissen und Wissensformen genauso wie die ideelle, personelle, materielle und institutionelle Expansion.

In der modernen Gesellschaft gilt Wissen als wichtige, nicht hinterfragte Ressource, um die gesellschaftliche Entwicklung voranzutreiben und die internationale Wettbewerbsfähigkeit von Nationen oder internationalen, staatlichen Verbünden zu fördern. Wissen wird heute von den gesellschaftlichen Akteuren gezielt und im eigenen Interesse produziert, kommuniziert und verwendet. Mit dem stetig gewachsenen Bedarf an Wissen in Wirtschaft, Gesellschaft und Politik stieg auch der Druck auf die Hochschulen, schnell verfügbares und nutzbares Wissen bereitzustellen. Die von allen gesellschaftlichen Akteuren geteilte Überzeugung vom Nutzen von Wissen hat die Expansion der Wissenschaften gerechtfertigt und ermöglicht. Sie führte auch dazu, dass nicht akademisches Wissen gezielt und mehr oder weniger systematisch erfasst und gesellschaftlich zugänglich gemacht wird. Davon profitieren auch die jeweiligen Wissensträger. Besonders werden heute die verschiedenen Formen des Wissens erschlossen und genutzt, um die Entwicklung in unterschiedlichen Handlungsfeldern voranzutreiben, zu steuern, zu beobachten und wohl auch zu kontrollieren. Wissen erlaubt, bestimmte Herausforderungen zu reflektieren und systematisch zu bearbeiten. Es stellt somit ein hoch bedeutsames Handlungsvermögen dar. In diesem umgreifenden Prozess ist (wissenschaftliches und nicht wissenschaftliches) Wissen zu einem wichtigen ökonomischen und «gesellschaftlichen» Produktionsfaktor geworden.

Im Zuge der angesprochenen Entwicklung haben sich in der Schweiz wie auch international seit Ende der 1960er-Jahre Wissenschaft und Gesellschaft weiter verschränkt. Wissenschaft wurde gewissermaßen vergesellschaftet (beispielsweise durch die Bedeutungszunahme der sogenannten Programmforschung beim Schweizerischen Nationalfonds) und die Gesellschaft hat sich weiter verwissenschaftlicht. Wissenschaft und Gesellschaft bewegen sich gewissermaßen aufeinander zu. Dieser Prozess der Verwissenschaftlichung der Gesellschaft zeigt sich in verschiedenen Feldern und in verschiedener Weise:

- Wissenschaftliches Wissen, das in Communities produziert und legitimiert wird, wird vermehrt in organisierten Kontexten wie der Wirtschaft, den Dienstleistungen und im öffentlichen Sektor ebenso wie in alltäglichen Lebenskontexten verwendet. Wissenschaftliche Deutungsmuster gewinnen hier zunehmend an Bedeutung (beispielsweise als Wachstum der Ressourcen für externe Beratung auf Bundes- und kantonaler Ebene, Institutionalisierung der «Systembeobachtung» im Bereich des Bildungs- und Gesundheitswesens wie auch der Wirtschaft).
- In umgekehrter Richtung bestimmen außerdisziplinäre Problemlagen und gesellschaftliche Erwartungen immer mehr die Interessenausrichtung und Problemsichten der Wissenschaft.
- Die Zahl von Absolventen und Absolventinnen mit einer akademischen Ausbildung nimmt zu. Gleichzeitig findet ein Aufstieg der «practical arts» statt (beispielsweise in den paramedizinischen Berufen und in der Sozialen Arbeit).
- Wissenschaftliches Wissen dringt nicht zuletzt dank der fortschreitenden Digitalisierung in die Alltagswelt ein.
- Die Verwissenschaftlichung der Gesellschaft wird schließlich seit Ende der 1980er-Jahre begleitet von einer Systematisierung der Nutzung von verschiedenen Wissensarten und -formen. So wird in außerwissenschaftlichen Kontexten erworbenes und legitimiertes Wissen aufgewertet.

Der gesellschaftliche, soziale, kulturelle und ökonomische Erfolg der Wissensproduktion hat mit seiner inhaltlichen, organisatorischen und personellen Expansion auch dazu geführt, dass die traditionellen wissenschaftlichen Einrichtungen ihr Monopol bei der Produktion, der Bewertung, der Speicherung und der Verteilung und Kommunikation von Wissen in der Gesellschaft verloren haben und wohl weiter verlieren werden. Die Wissenschafts- und Bildungspolitik verflechten sich zunehmend mit der Wirtschafts-, Technologie- und Sozialpolitik. Diese Entwicklung stellt eine der großen neuen Herausforderungen der Governance im Hochschul- und Wissenschaftsbereich dar. Der Gesetzgeber hat auf diese neue Situation reagiert. Das neue schweizerische Hochschulförderungs- und Koordinationsgesetz (HFKG) kann als Antwort auf diese Herausforderung verstanden werden.

In der vorliegenden Studie wird der Zusammenhang zwischen Wissenschaftsentwicklung und der Formierung des schweizerischen Hochschulraumes disku-

tiert. Dies geschieht unter einer wissens- bzw. wissenschaftsbezogenen Perspektive. Die Leitfrage wird in folgenden Schritten angegangen:
- Zunächst wird diskutiert, welcher Wandel sich international im wissenschaftlichen und wissensbezogenen Kontext von Hochschulen abzeichnet.
- Dann wird gezeigt, wie der schweizerische Hochschulsektor diesen Wandel verarbeitet hat und wie sich sein Profil heute angemessen beschreiben lässt.
- Schließlich wird aus einer gesamtschweizerischen Sicht erörtert, welche Herausforderungen die Entwicklungen in den Wissenschaften und beim Wissen für die Governance der Hochschulen darstellen.

Die Analyse des Zusammenhangs zwischen Wissensentwicklung und der Formierung des Hochschulraumes steht hier im Vordergrund. Die Relevanz dieser Thematik ist u. a. dadurch vorhanden, dass der Gesetzgeber allen Hochschulen einen Forschungsauftrag gegeben hat. Die Autoren sind sich dabei bewusst, dass die Formierung des Hochschulraumes auch das Ergebnis der Funktionsweise der Governance in den vergangenen Jahren ist. Die entsprechenden Strukturen und die Konstellation der Akteure sind bekanntlich komplex und variieren zwischen und innerhalb der Hochschultypen. Darin spiegeln sich historische, organisationale und föderalistische Traditionen wie auch der Umstand, dass für die Hochschulen in den letzten Jahren gesellschaftliche Erwartungen wichtiger geworden sind. Diese Komplexität kann in diesem Papier nur punktuell dargestellt werden. Schließlich wird auf Herausforderungen hingewiesen, die künftig von den verantwortlichen Akteuren im Rahmen des neuen HFKG bearbeitet werden müssen.

2 Aspekte der internationalen Wissenschaftsentwicklung und die Erschließung von außerwissenschaftlichem Wissen

a. Dynamik der wissenschaftlichen Entwicklung

Zahlreiche Indikatoren (finanzielle Ressourcen, Personal, Organisationen) dokumentieren das seit Jahren bemerkenswerte nationale und internationale Wachstum der Wissenschaften. Weiterhin steigen auch die Quoten der Absolventen und Absolventinnen, die einen Hochschulabschluss erwerben. Immer mehr von ihnen wünschen, aktiv produzierend in der Wissenschaft tätig zu werden. Trotz Expansion ist das Hochschulsystem jedoch nicht in der Lage, diese nach ihren Abschlüssen zu beschäftigen. Die Institutionalisierung von wissensproduzierenden Organisationen außerhalb der Hochschulen ist auch eine Folge dieser Entwicklung. Auch der Anteil jener Personen, die in unterschiedlichen Funktionen wissenschaftliches Wissen erschließen, kommunizieren und vermitteln, wächst. Man denke an Beratende oder an sogenannte «Wissensbroker» und an private Forschungsinstitute außerhalb von Hochschulen oder an Kommunikationsmedien. Dieses Wachstum basiert auf einer stetig steigenden Nachfrage in teilweise bereits verwissenschaftlichten Kontexten und auf der Bereitschaft öffentlicher und privater Akteure, für Forschung und Wissensvermittlung immer mehr Mittel zur Verfügung zu stellen.

Mit der Expansion der Wissenschaften entstanden zugleich neue organisationale Strukturen der Produktion und Diffusion von Wissenschaft. Treiber dieser Entwicklung sind wesentlich stabile und etablierte wissenschaftliche Communities sowie mehr oder weniger lockere Netzwerke von Wissenschaftlern und Wissenschaftlerinnen. Dank der neuen Technologien sind diese heute miteinander zunehmend international verbunden (vgl. auch Englisch als Leitsprache in den Wissenschaften, Internationalisierung der Arbeitsmärkte für Wissenschaftler und Wissenschaftlerinnen). Sowohl national wie international bzw. global zeichnet sich eine polyzentrische Strukturbildung in der Wissenschaftsproduktion ab, die von öffentlichen und privaten Akteuren vorangetrieben wird. Im internationalen Vergleich verfügt die Schweiz bekanntlich über eine lange Tradition einer höchst leistungs- und wettbewerbsfähigen privat finanzierten Forschung. Im beschriebenen Prozess der Strukturdynamisierung befindet sich besonders in den «kulturunspezifischen» Natur- und technischen Wissenschaften der europäische Wissenschaftsraum gegenüber andern produktiven und aufstrebenden Räumen in der Defensive. Wegen oft tieferer Löhne kann Wissenschaft im außereuropäischen Raum meist günstiger produziert werden. Dabei ist nicht nur an die USA zu denken, sondern auch an Länder in Asien (Indien, China). Obwohl sich der Wettbewerb weltweit verstärkt, sind weiterhin auch Wissenschaftsräume erkennbar, die sich sektoriell mit Erfolg dem Wettbewerb entziehen. Zur Netzwerkbildung in den Wissenschaften gehört es, dass neue Formen der Zusammenarbeit zwischen verschiedenen Akteuren (Hochschulen, private Forschungsinstitute, Wirtschaft, Staat) entstehen und sich stabilisieren. In diesem Bereich haben die traditionellen Hochschulen ihr Monopol der Produktion und Vermittlung wissenschaftlichen Wissens heute vielfach verloren.

Zur Expansion der Wissenschaften gehört es auch, dass die Gegenstandsbereiche wissenschaftlicher Forschung international und national kontinuierlich erweitert werden. So sind vermehrt die Wissenschaften selbst auch mit ihren Anwendungen und deren Folgen zum Gegenstand wissenschaftlicher Forschung geworden. Um Gegenstandsbereiche wie Design und Pflege, Sport- und Kommunikation oder auch Technikfolgenabschätzung begannen sich neue Forschungsfelder zu bilden und zu verfestigen. Es formierten sich Communities, die sich an

Hochschulen institutionalisieren, in Publikationen und Zeitschriften miteinander kommunizieren und dank der Forschungsförderung stabilisieren. Um bestimmte Fragestellungen herum bilden sich vermehrt hybride Disziplinen: Bio-Technologie, Nano-Technologie, Umwelt- und Materialwissenschaften usw.

In der Forschungspraxis haben sich die wissenschaftlichen Verfahren insgesamt pluralisiert. Das gilt auch für die Vorstellungen darüber, welche Regeln und Standards in der Forschung gelten. Die heute beobachtbaren Verfahren lassen sich auf einer Geraden mit den beiden extremen Polen «segregierte, hochreferenzielle Wissenschaft» und «integrierte Wissenschaft» positionieren. Bei den segregierten Wissenschaften ist etwa an die naturwissenschaftlichen Grundlagenfächer zu denken, deren Entwicklung einer binnendisziplinären Entwicklung und Differenzierung folgt.[6] Integrierte Wissenschaften richten ihre Untersuchungsfelder auf gesellschaftlich definierte Problemlagen und Bedürfnisse aus. In diesen Wissenschaften interpretieren die Forschenden den Übergang von der segregierten zur integrierten Wissenschaft als thematische Öffnung. Sie gehen mehr auf ihre Umwelt und deren Erwartungen ein. Die starken kollektiven Überzeugungen, Begründungs- und Rechtfertigungsmuster und die stabilen und abgrenzenden organisatorischen Muster in den segregierten herkömmlichen Disziplinen verlieren an Gewicht. An Bedeutung gewinnen demgegenüber Fragen der Gesellschaft, Kriterien der Legitimation von Forschung wie auch der Erschließung neuer Quellen zu ihrer Finanzierung. Mit dieser Pluralisierung gehen eine Heterogenisierung von Forschungspraktiken und eine gewisse Instabilität von internen und externen Beziehungsmustern einher. In den integrierten Wissenschaften werden Wissensproduktion und -anwendung in einem transdisziplinären Kontext organisiert, an dem Wissenschaftler und Wissenschaftlerinnen und Fachleute aus der Praxis beteiligt sind. Entsprechende Arbeiten werden in weichen, zeitlich und sachlich begrenzten und institutionell vielfältigen Zusammenhängen realisiert. Ferner sprechen verschiedene Beobachtungen dafür, dass sich umgekehrt integrierte Wissenschaften zu segregierten entwickeln können (beispielsweise die Ethnologie oder die Geografie). Schließlich gibt es gegenwärtig einige Anzeichen dafür, dass sich als Folge der Digitalisierung die Verschränkung der Wissenschaften allgemein mit der Gesellschaft verstärkt: Mit der Digitalisierung verändern sich die Rezeptionsmuster, und diese schafft zugleich neue Möglichkeiten der Partizipation an Wissenschaft (beispielsweise Open Access). Weniger als früher kann sich Wissenschaft gegenüber ihrer Umwelt verschließen.

---

6   Forschungsrelevante Probleme ergeben sich hier primär aus dem erreichten Wissensstand und den systematischen Lücken innerhalb eines theoretischen Forschungsrahmens und Zweifeln, die an diesem Rahmen aufkommen.

Die beschriebene Entwicklung mit der fortschreitenden Spezialisierung von Forschungsfeldern und Communities sowie der zugespitzten Globalisierung von Publikations- und Kommunikationsmustern treibt eine weitere Internationalisierung und Differenzierung der Arbeitsmärkte für Wissenschaftler und Wissenschaftlerinnen voran. Für die Schweizer Universitäten und die in der Schweiz privat finanzierte Forschung ist das nicht neu (vgl. hoher Anteil an Wissenschaftlern und Wissenschaftlerinnen ausländischer Nationalität). Neu ist, dass künftig auch die FH und die PH mehr als bisher von dieser Entwicklung erfasst werden dürften.

b. Akademisches und nicht akademisches Wissen

In der Literatur wird dann von einer Wissensgesellschaft gesprochen, wenn die Strukturen und Prozesse ihrer materiellen und symbolischen Reproduktion von wissensabhängigen Operationen durchdrungen sind. Wissen gewinnt dabei – wie erwähnt – gegenüber andern Produktionsfaktoren wie Arbeit, Kapital und Boden[7] an Bedeutung. Bereichsspezifisches Wissen aus der Lebens- und der Arbeitswelt (Betrieb, Beruf) wird explizit als wichtige Wissensquelle eigener Art anerkannt. Offensichtlich weist Wissen verschiedene Dimensionen auf. Im Vordergrund stehen kognitive Aspekte wie Kenntnisse, Begriffe, Konzepte, Prozeduren, aber auch motivationale Aspekte wie Lernbereitschaft. Wissen wird eingesetzt, um den Erwerb, die Verteilung, Speicherung und Anwendung von Wissen zu steuern. Es gilt als Grundlage materieller und ideeller Produktion und von deren Produktivität. Schließlich ist Wissen in Apparaten und Instrumenten materialisiert und technisiert.

In der europäischen, aber auch in der schweizerischen Bildungspolitik sind Ende der 1980er-Jahre ökonomische Gesichtspunkte wichtiger geworden. Dabei hat bei politisch und wirtschaftlich verantwortlichen Akteuren die Vorstellung an Überzeugungskraft gewonnen, dass die Menschen über viel unsichtbares Wissen und entsprechende Kompetenzen verfügen. Das entsprechende Wissen und die jeweiligen Kompetenzen haben einen persönlichen Gebrauchswert. Wegen fehlender öffentlicher Anerkennung durch formelle Abschlüsse und Titel werden sie auf dem Arbeitsmarkt kaum wahrgenommen und honoriert. Sie zu erschließen und wirtschaftlich und gesellschaftlich nutzbar zu machen, wird von den Akteuren als Erfordernis in einer globalen und kompetitiven Wissensgesellschaft verstanden. Mit formalisierten Anerkennungsverfahren wird solches Wissen für den Arbeitsmarkt tauschfähig gemacht.

---

7 «Boden» steht hier pars pro toto für alle materiellen und ideellen Produktionsmittel.

Das entsprechende Konzept der «validation des acquis» hat zunächst besonders schnell im englisch- und französischsprachigen Raum Fuß gefasst, weil die Bildungssysteme in diesen Ländern «organisationsbestimmt» sind: Das heißt, die Quote der Schüler und Schülerinnen mit einer allgemeinbildenden Maturität ist sehr hoch. Die Qualifizierung für einen Beruf erfolgt in diesen Ländern erst nach dem Eintritt in den Arbeitsmarkt. Sie ist anders als in der Schweiz, in Deutschland oder Österreich nicht dual bzw. trial im Bildungssystem selbst organisiert. Erstaunlich ist, dass das Konzept der «validation des acquis» trotz dieser bildungssystemischen Differenz – über zwei Drittel der Jugendlichen entscheiden sich in der Schweiz für eine Berufsbildung – auf eine beachtliche Resonanz gestoßen ist und sich auch hier rasch ausgebreitet hat. Zahlreiche bildungspolitische Förderprogramme hat es ausgelöst: Es wurde bei der Revision des Berufsbildungsgesetzes in der Schweiz berücksichtigt. In Deutschland hat es hochschulbezogene Förderprogramme ausgelöst («Öffnung der Hochschulen»).

Die «validation des acquis» erfüllt mindestens drei Funktionen: Sie kann erstens eine institutionelle Anerkennung informell erworbenen Wissens darstellen und zweitens zur Zulassung zu Bildungsangeboten berechtigen. Diese Praxis ist in der Weiterbildung an Hochschulen weit verbreitet. Sie hat den Charakter einer «partiellen» Validation und dient der Anerkennung von Kompetenzen im Rahmen eines Bildungsprogrammes. Drittens ist die «validation des acquis» «vollständig», wenn sie nach einer formalisierten Überprüfung zur Führung eines bestimmten Titels berechtigt. Nicht zu übersehen ist, dass die Verfahren in diesem Bereich in der Schweiz und anderswo höchst vielfältig und ziemlich intransparent sind, in der Hochschulweiterbildung noch mehr als in der Berufsbildung. Unbestritten ist jedoch, dass dank dieser Verfahren Wissen, das in verschiedenen individuellen Lebens- und Arbeitszusammenhängen erworben werden kann, aufgewertet wird. Die menschliche Erfahrung wird gewissermaßen «geadelt», zugleich aber auch ökonomisiert.

Mit der Aufwertung und dem Aufstieg des nicht akademischen Wissens hat sich die Konkurrenz im Feld des Wissens verstärkt. Eine totale Konkurrenz zwischen verschiedenen Wissensformen ist jedoch nicht entstanden, weil erstens Disziplinen, die wissenschaftliches Wissen systematisch akkumulieren und in Communities konsolidieren, nach wie vor über eine hohe Akzeptanz und Legitimation verfügen. Zweitens erfolgen Erzeugung, Diffusion und Rezeption der beiden Wissensformen mindestens teilweise unter unterschiedlichen Rahmenbedingungen und nach einer speziellen Logik. Zudem sind auch die Qualitäten der beiden Wissensformen unterschiedlich. Wissenschaftliches Wissen wird nach wie vor auf dem Markt der Wissenschaft kommuniziert. Die Peers prüfen die Publikationen und entscheiden, ob sie zur Weiterentwicklung in speziellen Fachgebieten beitragen. Wird ein wissenschaftlicher Beitrag in diesem Sinne positiv beurteilt, schreiben die Peers den Forschenden Reputation zu. Diese wiederum entscheidet darüber, wie die Forschenden in der vertikalen sozialen Struktur des jeweiligen Feldes positioniert sind.

Nicht wissenschaftliches und in Entwicklungs- und Anwendungskontexten produziertes und erworbenes Wissen wird demgegenüber vornehmlich in Praxisfeldern kommuniziert. Dabei kann es sich um die Resultate öffentlich geförderter Projekte oder staatlicher oder privater Auftragsforschung, aber auch um Beratungen handeln. In der Auftragsforschung verfügen die Forschenden in der Regel nicht über die Ownership der Resultate. Ihre öffentliche Publikation ist daher oft erschwert, manchmal sogar unmöglich, weil der Auftraggeber monopolistisch über die Resultate verfügen will. In solchen Kontexten ist die praktische Verwertungsmöglichkeit das wichtigste Kriterium für die Beurteilung der Qualität der jeweiligen Forschung. Ist diese gegeben, schreiben die Auftraggeber oder Nutzer den jeweiligen Forschenden den Status eines Experten oder einer Expertin zu. Auf den Märkten der Praxis wird somit in erster Linie um Expertise gekämpft, auf den wissenschaftlichen dagegen um Reputation.

Ein Blick auf die international vergleichende Forschung zeigt, dass die nationalen Hochschulwesen unterschiedlich offen sind bei der Rekrutierung von Studierenden, die nicht über die traditionellen Eingangsvoraussetzungen verfügen. Einiges deutet darauf hin, dass Bildungssysteme, die qualifikationsbestimmt sind, wie etwa das schweizerische, diesbezüglich weniger offen sind als Bildungssysteme, die organisationsbestimmt sind. Der Grad der Offenheit der Bildungssysteme für nicht akademische Wissensformen zeigt sich beispielsweise bei der Rekrutierung von Lehrenden. Sie variiert nach Fachbereichen: Ingenieurwissenschaften, Architektur und künstlerische Fächer sind offener als naturwissenschaftliche Grundlagenfächer. Weil schließlich die hochschulische Weiterbildung in der Schweiz strukturell einen Sektor «eigener Art» darstellt, ist die Bereitschaft, Studierende aufgrund außerschulisch erbrachter Bildungsleistungen zuzulassen, vergleichsweise groß. Nicht zu übersehen ist, dass die Öffnung der Hochschulen in Erstausbildung oder Weiterbildung zu einer größeren fachlichen Heterogenität der Studierenden führt, die dann von den Hochschulen didaktisch und durch Beratung bearbeitet werden muss.

3 Profil des schweizerischen Hochschulraumes

Im Folgenden wird gezeigt, welches Profil die schweizerischen Hochschulen in den letzten Jahren im Kontext der beschriebenen Wissenschafts- und Wissensentwicklung ausgebildet haben. Grundsätzlich ist dieses Profil das Ergebnis des Zusammenwirkens verschiedener Akteure im Feld der Hochschulen. Analytisch gesehen wird das Zusammenwirken und die Handlungskoordination der Akteure im schweizerischen Mehrebenensystem durch vier Verfahren geregelt: erstens durch eine hierarchische Verteilung der Handlungsebenen und der Kompetenzen, zweitens durch kooperative Netzwerke bzw. Aushandlungen, drittens durch (autonome) Selbstorganisation und viertens durch Wettbewerb bzw. Markt. In die verschiedenen Verfahren sind je spezifische Akteure mit unterschiedlichen Interessen involviert, wodurch vielfältige Akteurskonstellationen geschaffen werden. Vieles spricht dafür, dass der Mix der Verfahren und Akteurskonstellationen nach Hochschultyp variiert: Die Entwicklung der PH beispielsweise wird stärker durch die Hierarchie gesteuert als die der universitären Hochschulen. Außerdem variiert der Mix nach Funktion und Aufgabenbereichen: In der Weiterbildung spielt der Wettbewerb eine wichtigere Rolle als etwa in der Lehre.

Das Profil des Hochschulbereichs wird im Folgenden aus zwei Perspektiven beschrieben, einer hochschultypenspezifischen (CRUS/KFH/COHEP 2009) und einer wissensspezifischen. Letztere nimmt explizit das Verhältnis zwischen Wissenschaftsentwicklung und Hochschule in den Blick.

a. Perspektive Hochschultypen

Mit wenigen, auf das wissenschaftliche Leistungspotenzial der Hochschulen bezogenen Indikatoren kann das Profil der drei Hochschultypen Universitäre Hochschulen, Fachhochschulen und Pädagogische Hochschulen (UH, FH und PH) beschrieben werden:

- *Ressourceneinsatz:* Gemessen an der Verwendung ihrer Ressourcen sind FH und PH klar lehrorientiert (2008: 70 Prozent bzw. 73 Prozent für die Lehre), die UH dagegen forschungsorientiert (2008: 52 Prozent und nur 36 Prozent für die Lehre). FH und PH geben 2008 nur 19 Prozent bzw. 9 Prozent der Ressourcen für Forschung aus.
- *Innere Organisation:* An den UH bildet die Disziplin und ihre Reproduktion das wichtigste organisationale Strukturprinzip. An den FH und PH strukturieren dagegen die Studiengänge die innere Organisation. Stärker als die UH können zudem FH und PH als geführte Schulen betrachtet werden.
- *Abschlüsse:* Im Rahmen des Bologna-Systems vergeben alle drei Hochschultypen identische, gestufte Abschlüsse. Allerdings dürften die Anforderungen von Hochschultyp zu Hochschultyp variieren.
- *Eingangsvoraussetzungen der Studierenden:* An den UH hat der weitaus größte Teil der Studierenden eine gymnasiale Maturität oder einen vergleichbaren

ausländischen Abschluss erworben. Demgegenüber sind die Eingangsvoraussetzungen zu den PH/FH bedeutend heterogener, mit Unterschieden je nach Fachrichtungen.
- *Wissenschaftliches Personal:* Das wissenschaftliche Personal der UH verfügt über die höheren Abschlüsse und bedeutend mehr Forschungserfahrungen als das Personal der FH und der PH. Der Anteil des nur teilzeitig beschäftigten wissenschaftlichen Personals ist an den FH und den PH markant höher als an den UH. Zudem hat sich an den UH ein Mittelbau entwickelt, dessen wissenschaftliche Laufbahnen strukturiert sind. An PH und FH ist der Mittelbau nur wenig ausgebaut, interne Laufbahnen bestehen bis heute nicht.
- *Wissensformen:* Mit der Errichtung der PH und FH wurde zugleich das berufliche Wissen als legitime Wissensform auf Hochschulebene positioniert. Dieses ist in der wichtigsten Zielgruppe, bei den Studierenden der FH (vgl. Vorbildung), im wissenschaftlichen Personal der PH und der FH und in der curricularen Struktur der PH repräsentiert und wird dort weiterentwickelt. Nicht akademisches Wissen spielte bisher an den UH vor allem in der Medizin und den Ingenieurwissenschaften eine gewisse Rolle. Im neu formierten Hochschulraum kann ihm nun insgesamt eine größere Bedeutung zugeschrieben werden.

An den drei Hochschultypen prägen sich diese Merkmale unterschiedlich aus, zwischen der FH bzw. der PH sind die Unterschiede zudem größer als jene bei den UH. Allerdings ist der Ausprägungsgrad der typenspezifischen Unterschiede auch innerhalb der Hochschultypen selbst verschieden.

b. Perspektive Wissen

Blickt man unter einer Wissensperspektive auf den Hochschulsektor, werden die Grenzen zwischen den Hochschultypen fließender, während jene zwischen den Fachbereichen und Disziplinen an Kontur gewinnen. Dieser Blick lässt eine neue Strukturbildung und neue Grenzen im Hochschulsystem erkennen.

Die unten stehende Matrix ist weitgehend selbsterklärend und bedarf nur einer punktuellen Kommentierung. In der Matrix werden auf der Horizontalen vier Segmente im Hochschulsystem unterschieden. In der Vertikalen werden ausgewählte Merkmale der einzelnen Segmente charakterisiert. Deutlich wird, dass sich die verschiedenen Segmente des Hochschulbereichs in unterschiedlicher Weise auf die Wissenschafts- und Wissensentwicklung beziehen. Dadurch entstehen sowohl segregierte («Alte Universität» beispielsweise) wie auch kompetitive Felder (Erziehungswissenschaften beispielsweise). Wechselseitige Abhängigkeit der Forschenden, Akkumulation des Wissens (vgl. Lehrbücher, Stand der Technik usw.), Publikation in Journals sind Stilmerkmale des Forschungsbereichs im urbanen Typ. Rural ist der Stil in einem Fach bei geringer wechselseitiger Abhängigkeit der Forschenden, bei einer Vorliebe für Monografien, bei abgeschotteten Forschungsfeldern und bei geringer Akkumulation des Wissens.

	«Alte Universität»	Künste und Design	Stabile Arbeitsteilung zwischen den Hochschultypen	Prekäre Arbeitsteilung zwischen den Hochschultypen
Forschung	Paradigmatisches und polyparadigmatisches akademisches Wissen	Mehrheitlich keine Tradition des akademischen Wissens Ausnahme: Musik Relevanz des Berufswissens	Paradigmatisches akademisches Wissen und kanonisiertes Berufswissen	Polyparadigmatisches akademisches Wissen Pluralistisches Berufswissen
Status des Wissens	Definitionsmacht: Wissenschaft Relativ stabile Wissensordnung	Zwischen Wissenschaft und Kunst	Stabile Ordnung des Wissens: Definitionsmacht Profession	Insgesamt keine stabile Wissensordnung
Kultureller Stil der Forschung	Zwischen urban und rural	Tendenziell rural	Urbaner Stil	Mehrheitlich rural, teilweise urban
Fächer	Theologie Geisteswissenschaften Mathematik Naturwissenschaften Medizin Jurisprudenz	Künste Musik Design Gestaltung	Ingenieurwesen Bauwesen Architektur Informatik	Gesundheit Psychologie Betriebswirtschaftslehre Erziehungswissenschaften/Lehrerbildung Linguistik Soziale Arbeit
Lehre	Reproduktions- und Professionsorientierung UH-Monopole	Berufsorientierung	Beruflichkeit Klare Hierarchisierung der Abschlüsse	Funktions- und Berufsorientierung Wettbewerb unter den Berufsangehörigen mit unterschiedlichen Abschlüssen oder Monopolen (Lehrpersonen)

Insgesamt zeigt die Darstellung, wie komplex der Steuerungsgegenstand der schweizerischen Hochschulpolitik ist. Im Segment der «Alten Universität» sind Fächer positioniert, welche die ursprüngliche Universität repräsentieren und sich entsprechend weiterentwickeln. Die beiden Segmente «Stabile Arbeitsteilung» und «Prekäre Arbeitsteilung» werden durch Fächer konstituiert, die an zwei Hochschultypen vertreten sind. Nur in einem der beiden Segmente gibt es dank dem konsolidierten Wissen eine klare Arbeitsteilung.

Unter einer Wissensperspektive ist hoch bedeutsam, dass mit dem neuen Fachhochschulgesetz die Bereiche Kunst, Design, Musik, Theater, literarisches Schreiben und Konservieren aufgewertet und mit einem Forschungsauftrag ausgestattet wurden (vgl. zweites Segment). Mit Forschung in diesen Fächern entgrenzt sich das Forschungsverständnis im Hochschulraum. Neue Forschungspraktiken entstehen. Im Fokus stehen besonders die künstlerische Forschung und deren Proprium. Stark engagiert in dieser Diskussion waren zunächst die Disziplinen Design und visuelle Kunst, inzwischen wurden von ihr aber auch andere Fächer erfasst. Inhaltlich angeregt wurden die Auseinandersetzungen von Entwicklungen im angelsächsischen und skandinavischen Raum. Diese Diskussion ist weiterhin lebhaft und nicht abgeschlossen.

Ein Blick in ausgewählte schweizerische und internationale Dokumente gibt einige Hinweise darauf, wie die betroffenen Fächer Forschung im künstlerischen Bereich selbst beschreiben. Diese wird sowohl gegenüber der Kunst wie auch der wissenschaftlichen Forschung abgegrenzt. Eine klare Grenzziehung zwischen künstlerischer Produktion und Entwicklung und reflexiver Analyse ihrer Prozesse und Produkte wird gegenwärtig nicht vorgenommen. Forschung stützt sich in der Regel auf einen individuellen methodischen und erkenntnistheoretischen Zugang. Sie ist einem Methodenpluralismus und sehr oft auch der Interdisziplinarität verpflichtet (Konferenz der Fachhochschulen 2008). Die künstlerische Erfahrung stellt eine wichtige Ressource im Forschungsprozess dar. Besonders gilt es, implizite Wissensproduktionen zu externalisieren und zu kommunizieren. Die Ergebnisse der Forschung weisen ein vielfältiges Format auf: Es kann sich um Artikel oder Bücher handeln, Internettools, Kunstanlässe, grafische Erzeugnisse, Werkrealisierungen, Theaterproduktionen usw. Künstlerische Produkte und künstlerisches Wissen sind somit in vielfältigen Formen repräsentiert. Immer sollen das bestehende Wissen und der Bewusstseinshorizont erweitert werden.

Allerdings können bei den Selbstbeschreibungen Stimmen nicht überhört werden, die im propagierten wissenschaftlich-methodischen Zugang, wie er vornehmlich aus legitimatorischen Gründen extern gefordert wird, eine Verengung und eine Verarmung und damit ein Risiko sehen. Gerade deswegen wird für ein breites, offenes Begriffsverständnis von künstlerischer Forschung und einen Methodenpluralismus plädiert.

Künstlerische Forschung wird – nicht überraschend – von Vertretern und Vertreterinnen der herkömmlichen Wissenschaft nur begrenzt akzeptiert. Kunst und Wissenschaft sollen sich weiterhin durch eine klare funktionale und kategoriale Differenz unterscheiden, sie stellen getrennte Bereiche dar. So wird etwa darauf hingewiesen, dass wissenschaftliche Forschung notwendigerweise sprachgebunden sei. Erst die standardisierte sprachliche Form von Forschungsergebnissen macht sie einer kollektiven, prüfenden Diskussion zugänglich. Zudem sind beim Erkenntnisprozess standardisierte Regeln zu beachten. Wissenschaftliche Arbeit zeichnet sich schließlich durch eine Distanz zwischen den Forschenden und ihren Gegenständen aus. Reflexion und Produktion sind somit getrennt.

Bis heute ist die künstlerische Forschung von FH zu FH unterschiedlich organisiert. Im Quervergleich mit andern Forschungsfeldern der FH ist zudem ihre finanzielle Ausstattung insgesamt unterdurchschnittlich. Trotz dieser an sich ungünstigen finanziellen und organisationalen Rahmenbedingungen ist es möglich, in einem Kooperationsprogramm der Universität Bern und der FH Bern in Kunst zu promovieren. Andere Kunsthochschulen wie etwa Zürich haben eine Lösung für die Promotion mit einer österreichischen Universität gefunden. Wie stark durch diese Entwicklungen das Feld der künstlerischen Forschung im oben erwähnten programmatischen Sinn stabilisiert und profiliert wird, lässt sich heute noch nicht beurteilen.

Weiter ist nicht zu übersehen, dass die einzelnen Fach- und Ausbildungsbereiche mit ihren Lehrangeboten und der Forschung unter ganz unterschiedlichem Druck stehen und sich mit vielfältigen und widersprüchlichen Erwartungen auseinandersetzen müssen. Verfügen sie an einem Hochschultyp über eine Monopolsituation und eine stabile Wissensorganisation, werden sie vergleichsweise wenig herausgefordert (beispielsweise Medizin und Rechtswissenschaften an UH). Die Definitionsmacht der jeweiligen Wissenschaftler und Wissenschaftlerinnen sowie der traditionellen Professionen ist groß. Fachbereiche, die hingegen weder über eine stabile Wissensordnung verfügen noch über Monopole in der Lehre oder Forschung, befinden sich dauernd in einer Konkurrenzsituation und müssen sich auch in Statuskämpfe involvieren lassen (beispielsweise die Erziehungswissenschaften und die Betriebswirtschaftslehre). Weiter ist erkennbar, dass mit der Errichtung der PH und der FH das Berufs- und Praxiswissen im Hochschulraum besser positioniert wurde (vgl. Eingangsvoraussetzungen der Studierenden, fachliche Profile der Lehrenden sowie curriculare Strukturierungen). Deswegen haben sich die Auseinandersetzungen zwischen den personalen Trägern der verschiedenen Wissensformen tendenziell intensiviert, allerdings nicht in allen Segmenten. Ferner wird die Wirklichkeit an den Hochschulen, insbesondere jene an Universitäten, durch verschiedene Bilder definiert: Das Bild der alten Universität humboldtscher Prägung wird von der neuen, der «entrepreneurialen» Universität überlagert. Schließlich wird die Entwicklung der Fachhochschulen aufgrund der Akademisierung bisher nicht akademischer Ausbildungen wesentlich durch eine professionsbezogene Programmatik bestimmt.

Insgesamt dokumentiert diese Übersicht die große, alle Dimensionen umfassende Heterogenität im schweizerischen Hochschulraum. Diese ist wesentlich ein Ergebnis gesellschaftlicher und hochschulpolitischer Transformationen. Im Zuge des Übergangs zur Wissensgesellschaft und der Ökonomisierung des Wissens allgemein wurde nicht akademisches Wissen aufgewertet und neu positioniert. Das Wissenschaftsverständnis ist pluralistischer geworden und die neue Wissensordnung bildet sich nun auch im Hochschulraum ab.

4 Die neue Governance der Hochschulen und ihre Herausforderungen

In diesem Abschnitt wird zunächst die neue Struktur der Governance im Hochschulbereich skizziert. Anschließend wird gezeigt, welchen wissensbezogenen Herausforderungen sich diese Struktur stellen muss. Ob sie in der Lage ist, die anstehenden Fragen kreativ, kohärent und zukunftsweisend zu bearbeiten, kann heute naturgemäß nicht gesagt werden. Noch sind die Akteure vorwiegend damit beschäftigt, die Bedingungen für ihre eigene Handlungsfähigkeit auszuhandeln. Die neuen Finanzierungsbestimmungen für die Hochschulen werden beispielsweise allenfalls ab 2017 gelten. Aus diesen Gründen ist die weitere Entwicklung des schweizerischen Hochschulraumes gegenwärtig offen.

a. Struktur der Governance auf schweizerischer Ebene

Gemäß Bundesverfassungsauftrag von 2011 sorgen Bund und Kantone gemeinsam für einen qualitativ hochstehenden Hochschulraum. Die Koordination und die Qualitätssicherung stehen dabei im Vordergrund (Botschaft 2009). Die Umsetzung dieses Auftrags erfolgt auf der Basis von drei rechtlichen Erlassen: dem Hochschulförderungs- und Koordinationsgesetz (HFKG), dem interkantonalen Hochschulkonkordat sowie der Zusammenarbeitsvereinbarung zwischen Bund und Kantonen. Jeder dieser Erlasse, die sich ergänzen, hat seinen spezifischen inhaltlichen Fokus. Ihr Zusammenspiel bildet ab, worum es den Gesetzgebern geht: um die Ziele für den Hochschulraum, um die relevanten Akteure und ihre Aufgaben und letztlich auch um die Praxis und Kultur der Zusammenarbeit aller Beteiligten. Am 1. Januar 2015 trat nun das neue Hochschulförderungs- und Koordinationsgesetz in einer ersten Phase in Kraft.

Ziele: Mit diesem neuen rechtlichen Rahmen werden aus der Sicht der verantwortlichen Akteure u. a. folgende Ziele anvisiert: UH, FH und PH sollen gleich behandelt werden und dennoch über ein je eigenes Profil verfügen. Im Gegensatz zu früher gibt es nur noch eine Struktur von Akteuren. Damit wird eine organisationale Vereinfachung angestrebt. Alle Kantone werden in die hochschulpolitische Willensbildung einbezogen. Auch Organisationen aus der Arbeitswelt wird ein entsprechender Zugang verschafft. Die Autonomie der Träger und der Hochschulen soll gewährleistet werden.

Akteure: Organisational werden drei Strukturen geschaffen: Die Schweizerische Hochschulkonferenz stellt das oberste hochschulpolitische Organ dar, in der alle oben erwähnten Akteure und zahlreiche weitere Organisationen wie etwa der Schweizerische Nationalfonds (SNF), die Akademien usw. vertreten sind. Sie tagt als Plenum und als Hochschulrat. In diesem sind die Stimmen der Beteiligten gewichtet. Die Rektorenkonferenz der schweizerischen Hochschulen vertritt die Interessen aller schweizerischen Hochschulen. Sie ist in vielfältiger Weise in die hochschulpolitische Willensbildung involviert. Intern gibt sich die Rektorenkonferenz eine Matrixorganisation: UH, PH und FH bilden ein Dreikammersystem. Jede Kammer soll sich mit ihren hochschultypspezifischen Fragen befassen. Ergänzt wird das Kammersystem durch eine transversale Struktur für die Bearbeitung von Fragen gemeinsamen Interesses wie u. a. der Forschung, der Lehre, der Diversity. Von dieser transversalen Struktur werden wohl koordinative Effekte für die drei Hochschultypen erwartet. Schließlich sorgt der Schweizerische Akkreditierungsrat für einheitliche Verfahren der Akkreditierung aller Hochschulen. Ohne institutionelle Akkreditierung können diese keine Beiträge vom Bund erhalten.

Das Leistungspotenzial dieser neuen Struktur der Governance lässt sich – wie gesagt – heute noch nicht beurteilen. Deswegen sei an dieser Stelle lediglich auf wenige Punkte hingewiesen, die Fragen aufwerfen können: Die Strukturen der Akteure wurden gegenüber früher vereinfacht. In den nun vereinheitlichten Strukturen der Schweizerischen Hochschulkonferenz und Swissuniversities sind jedoch nun Akteure mit sehr unterschiedlichen Orientierungen, Erwartungen und Interessen eingebunden. Das heißt, innerhalb dieser Einheitsstrukturen wurde gleichzeitig die Vielfalt von Orientierungen und Erwartungen unter den Beteiligten erhöht. Alle Kantone und Organisationen der Arbeitswelt sind in die Hochschulkonferenz einbezogen und alle Hochschulen in die Swissuniversities. In beiden Gremien werden hochschulpolitische Entscheidungen dadurch sicher nicht einfacher. Der Gesetzgeber erwartet, dass sich die drei Hochschultypen klar profilieren und gegeneinander abgrenzen (vgl. Auftrag im HFKG). Zudem bleibt offen, ob und wie sich im nach wie vor hierarchischen Gefüge der Hochschulen Kooperationen entwickeln. Schließlich besteht ein sehr gut begründbares Risiko, dass die Profile der Hochschulen nicht zuletzt aufgrund der Handlungsspielräume ihrer

Leitungen einander immer ähnlicher werden. Verantwortliche an Hochschulen neigen dazu, die aus ihrer Sicht erfolgreichen Hochschulmodelle zu «idealisieren» und die Entwicklung der eigenen Einrichtung daran auszurichten.

b. Neue Herausforderungen auf diesem Hintergrund

Bilanz: Die Entwicklung des Hochschulwesens ist das Ergebnis des Zusammenwirkens einer Vielzahl von Akteuren, die sowohl innerhalb der Hochschulen und der Wissenschaften wie auch außerhalb, in der Politik und der Wirtschaft, positioniert sind. In der vorliegenden Fallstudie wird nur ein Aspekt dieses komplexen Beziehungsgefüges untersucht: der Zusammenhang zwischen Wissenschafts- und Wissensentwicklung und Hochschulen.

Wie oben unter Abschnitt 2 näher beschrieben, ist die Entwicklung des Hochschulsystems in den letzten Jahrzehnten zunächst durch eine starke Expansion charakterisiert. Das Wachstum betrifft praktisch alle Dimensionen: die Zahl der Studierenden, der Lehrenden und der Forschenden, die Verwaltungen, die Forschungsaktivitäten, die Forschungs- und Lehrgebiete, die Organisationen und selbstverständlich auch die Finanzen. Mit diesem Wachstum verbunden ist eine ebenso bedeutsame Ausdifferenzierung der Wissens- und Forschungsbereiche und -methoden und eine professionelle Spezialisierung in der Führung der Hochschulen. Die Expansion der Hochschulen war somit begleitet von relevanten qualitativen Veränderungen. Dabei sind es organisations- und länderübergreifende Netzwerke von Fachgemeinschaften, die wesentlich die Wissensentwicklung und -produktion inhaltlich vorantreiben, und weniger einzelne Hochschulen als integrierte Körperschaften. Die Expansion des Wissenschaftssystems ist somit primär Folge und Ausdruck des Fortschritts im Erkenntnisprozess, seines sichtbaren praktischen Erfolgs, seiner gesellschaftlichen Nützlichkeit und der damit einhergehenden Reputation. Diese Attraktivität erzeugt zugleich einen Sog auf nicht akademisches Erfahrungs- und Praxiswissen und dessen hochschulische Validierung. Die Validierung nicht akademischen Wissens hat unter einer Wissensperspektive dazu geführt, dass die Hochschulen insgesamt vielfältiger geworden sind und dass die Überlegenheit akademischen Wissens gegenüber andern Wissensformen relativiert wurde. Auch die privilegierte Stellung der Hochschulen als Orte der Wissenserzeugung wurde schwächer. Weiter haben sich in den Wissenschaften selbst die Vorstellungen, was Forschung ist, pluralisiert. Schließlich sind die Grenzen zwischen dem sogenannten Grundlagenwissen und anwendungsorientierten Wissen noch fließender geworden.

Die Hochschulen haben den beschriebenen Strukturwandel des Wissens aktiv verarbeitet. Dadurch haben zeitgleich die Grenzen zwischen den drei Hochschultypen an Verbindlichkeit und Klarheit verloren. Verantwortlich dafür sind erstens Fachbereiche, die relativ jung sind und die an mindestens zwei Hochschultypen gepflegt werden. Zu denken ist etwa an die Betriebswirtschaftslehre, die Erziehungswissenschaften und die Psychologie. Zweitens sind die Hochschulleitungen dank der gewonnenen Handlungsspielräume in der Lage, ihre Organisationen aktiv im Feld zu profilieren und zu positionieren. Drittens sind die einzelnen Hochschulen – nicht zuletzt wegen ihres Forschungsauftrages und unterschiedlichen Wissenschaftsverständnisses – noch vielfältiger geworden. Insgesamt zeigt heute die Hochschullandschaft Schweiz ein sehr buntes Feld von Organisationen.

Nicht nur der Gegenstand der Governance im Hochschulbereich ist komplexer geworden. Auch die Struktur der Governance auf den Ebenen Bund, Kanton und Hochschule ist insgesamt vielfältiger geworden. Das Spektrum der einbezogenen Akteure wurde erweitert. Gleichzeitig wurde jedoch die Struktur intern wieder differenziert (beispielsweise Dreikammersystem von Swissuniversities), und in den drei Kammern ist ihrerseits eine große Vielfalt verschiedener Fachbereiche vereint.

Die reorganisierte Hochschul- und Wissenschaftspolitik steht somit vor der Herausforderung, eine überaus vielfältige und heterogene Hochschullandschaft ohne einheitliche und klare Strukturen bei knapper werdenden Ressourcen in eine politisch bearbeitbare Ordnung und ökonomisch tragbare arbeitsteilige Entwicklungsrichtung zu steuern, ohne deren wuchernde kulturelle wissenschaftliche Produktivität zu gefährden.

Aus einer gesamtschweizerischen Perspektive stellen sich bei der Steuerung im Hochschulsystem die Fragen, (a) wie Autonomie, gesellschaftliche Kontrolle und Leistungsfähigkeit kombiniert und gewährleistet werden können und (b) wie der Mix von hierarchischen Vorgaben, netzwerkartiger Kooperation und Wettbewerb ausgestaltet werden soll. In welchen Feldern sind strategische Vorgaben sinnvoll und in welchen kann die Entwicklung dem Zusammenspiel von formellen Akteuren überantwortet werden? Die Hochschulpolitik muss dabei trotz der Heterogenität der jeweiligen Rahmenbedingungen und Aufgaben und der Vielfalt in und zwischen den Hochschulen mit einer Entwicklungsdynamik rechnen, die zur Angleichung der Typen und Einheiten tendiert, weil diese sich an den Hochschulen mit dem höchsten wissenschaftlichen und gesellschaftlichen Status orientieren. Für die Hochschulen gilt Kooperation seltener als bevorzugte Option, Abgrenzung, Konkurrenz und Selbstbehauptung sind wichtiger.

Aus der Perspektive dieser Fallstudie zeichnen sich für die Governance in der schweizerischen Hochschulpolitik die unten dargestellten Handlungsfelder ab, deren Bearbeitung allerdings nicht isoliert betrachtet und angegangen werden kann. Die Interdependenz der einzelnen Probleme und ihrer Lösung ist groß. Sie erfordert eine ganzheitliche Perspektive.

c. Profilierung der Hochschulen durch Forschung und Lehre

Die schweizerische Hochschulpolitik setzt bisher in ihrer Strategie auf eine strukturelle Arbeitsteilung in Forschung und Lehre zwischen den Hochschultypen. Sie stemmt sich damit gegen den bekannten «academic drift» der Angleichung.

Forschung: Das frühere Bundesgesetz über die Fachhochschulen sah in Artikel 9 für alle 9 Fachhochschulen einen einheitlichen Leistungsauftrag im Bereich Forschung und Entwicklung vor. Dort wurde Forschung als «anwendungsorientiert» spezifiziert und so gegen den offenen Forschungsauftrag der Universitäten abgegrenzt. Die Pädagogischen Hochschulen sollten ihrerseits gemäß den Empfehlungen der EDK berufsfeldbezogene Forschung betreiben (EDK 1995). Mit diesen Vorgaben wurde eine strukturelle Arbeitsteilung zwischen den Hochschultypen postuliert. Diese hochschulpolitische Rahmenbedingung hat sich in mehrfacher Hinsicht als prekär erwiesen. Erstens ist das Kriterium «Anwendungsorientierung» deutungsabhängig und fachbezogen von unterschiedlichem Gewicht. Beispielsweise sind die Ingenieurwissenschaften, die Medizin und die Rechtswissenschaften traditionell stark anwendungsbezogen. Zweitens zeigt die Analyse in dieser Fallstudie, dass die Forschungspraxis an allen Hochschultypen zwischen den Polen «Anwendungsorientierung» und «Grundlagenforschung» variiert. Anwendungsorientierte Forschung ist kein Monopol der Fachhochschulen. Zudem ist das Forschungsverständnis an Pädagogischen Hochschulen und Fachhochschulen klar vielfältiger als jenes an den Universitäten. Drittens wird heute von der Forschung ganz allgemein der Einbezug von Nutzen- und Umsetzungsperspektiven erwartet.

In dieser Situation wird die Politik vor die Frage gestellt, wie eine notwendige Arbeitsteilung und Schwerpunktbildung in der Forschung im schweizerischen Hochschulsystem sichergestellt werden können. Aus der Perspektive dieser Fallstudie empfiehlt es sich, die Bedingungen und die Attraktivität für selbstorganisierte horizontale und vertikale Arbeitsteilungen in den Fächern zu verbessern, einerseits innerhalb der Hochschultypen und andererseits zwischen ihnen. Die Veterinärmedizin und die Zusammenarbeit zwischen den Universitäten und der École polytechnique fédérale de Lausanne (EPFL) im Raume Lausanne/Genf zeigen beispielhaft, dass solche Prozesse erfolgreich sein können. Zweitens kann eine Arbeitsteilung zusätzlich durch wettbewerbliche Prozesse gefördert werden. Daher sollte der Zugang zu Fördermitteln für Forschende aller Hochschulen offen sein. Dies gilt nicht nur für den Nationalfonds, die Kommission für Technologie und Innovation (KTI), sondern auch für die sogenannte Ressortforschung des

Bundes und der Kantone. Entsprechend müssten die Instrumente und die Praxis der Förderung des Nationalfonds, der KTI und der Ressortforschung des Bundes und der Kantone ausgestaltet werden.

Lehre: Mit dem Wachstum der Hochschulen ist die Frage nach dem Stellenwert der Lehre und der Forschung dringlicher geworden. An Universitäten bildet eine meistens disziplinär organisierte Forschung das organisationale Strukturprinzip. Als reputationsrelevant gelten individuell wie organisational in erster Linie die Erträge der Forschung. In vielen Disziplinen, besonders in den Naturwissenschaften, dient die Lehre in erster Linie der disziplinären Nachwuchssicherung und der Weiterentwicklung des Faches. Eine Qualifizierung für den außeruniversitären Arbeitsmarkt gilt oft als nachrangig und stellt keineswegs in allen Fachbereichen ein spezifisches berufsbezogenes Ausbildungsziel dar. Umgekehrt präsentiert sich die Situation an den Fachhochschulen und den Pädagogischen Hochschulen. Hier bilden die Lehrgänge das organisationale Strukturprinzip. Forschung gilt noch immer als eine die Lehre ergänzende und fundierende Tätigkeit. In den letzten Jahren haben sich nun an allen drei Typen deutliche Verschiebungen abgezeichnet. Der Ausbildungs- und Berufsfeldbezug der Lehre gewinnt auch an den Universitäten an Gewicht und umgekehrt wird der Wissenschafts- und Forschungsbezug an den Fachhochschulen und den Pädagogischen Hochschulen wichtiger.

Die für die Governance der Hochschulen relevante Frage lautet: Wie kann es gelingen, den verschiedenen Hochschulen in der Lehre ein klares, unverwechselbares Profil zu geben? Diese Herausforderung stellt sich besonders, aber nicht nur im Hochschulsegment mit «prekärer Arbeitsteilung». Betroffen sind hier Studienangebote, die an zwei Hochschultypen bereitgestellt werden und deren Fächer sich weder auf eine stabile Arbeitsteilung noch auf konsolidiertes Wissen stützen können. Zu denken ist beispielsweise an die Psychologie, die Betriebswirtschaftslehre, die Erziehungswissenschaften oder die Pflegewissenschaften. Wie kann sichergestellt werden, dass sich in diesen Studienbereichen die Kompetenzprofile der Absolventen und Absolventinnen der beiden Hochschultypen klar unterscheiden? Genügen hier eine freiwillige Koordination der Bildungseinrichtungen und das Instrument der institutionellen Akkreditierung oder müssen weitere Verfahren wie etwa solche zur Messung der tatsächlichen Kompetenzen der Absolventen und Absolventinnen eingesetzt werden?

d. Wissenschaftliche Laufbahnen, Nachwuchsförderung und Doktoratsstudien

Die Wissenschaften und das Wissen befinden sich – wie wir gezeigt haben – in einem dynamischen und institutionell entgrenzenden, transnationalen Wachstums- und Differenzierungsprozess. Von diesem Prozess werden die Natur- und technischen

Wissenschaften sicher stärker erfasst als die klassischen Geisteswissenschaften. Dank dieser Entwicklung ist wissenschaftliche Arbeit zu einem Beruf geworden, der in unterschiedlichen organisatorischen Kontexten und Arbeitsmarktsegmenten ausgeübt werden kann. Dabei variieren die Anforderungen mindestens teilweise von Segment zu Segment. Forschende an einer international ausgerichteten Forschungsuniversität müssen anderen Anforderungen genügen als solche in privaten, dienstleistungsorientierten Forschungsinstituten. Die Professur an einer Hochschule ist somit nur eine von vielen beruflichen Möglichkeiten und nicht einmal diejenige, die von allen, die in der Wissenschaft tätig sind, in erster Linie angestrebt wird. Außerdem tragen die Laufbahnstrukturen an den Hochschulen den Bedingungen der expandierenden Wissenschaft nicht genügend Rechnung. Die Personalstruktur an den Universitäten ist weiterhin geprägt durch die ausgesprochen stark herausgehobene Position der Professoren und Professorinnen mit fester Anstellung, wie sie typisch ist für Länder, welche die Habilitation kennen (Schweiz, Deutschland und Österreich). Gleichzeitig besitzen in der Schweiz rund 80 Prozent des wissenschaftlichen Personals nur befristete Anstellungen und können ihre Aufgaben in Lehre und Forschung nur unselbstständig wahrnehmen. Im internationalen Vergleich ist diese Struktur extrem selektiv, den jungen Forschenden ist es viele Jahre lang nicht gestattet, systematisch und kontinuierlich ein persönliches Forschungsprogramm zu verfolgen, selbstständig in der Lehre tätig zu sein und sich zu profilieren. Diese Personalstruktur steht in einem strukturellen Widerspruch zur expansiven und sich differenzierenden Wissenschaft und zur dominanten Stellung der Wissenschaft in der heutigen Gesellschaft.

Die Problematik der nicht optimalen Personalstruktur an Universitäten ist seit den 1980er-Jahren des vergangenen Jahrhunderts mehrfach thematisiert und analysiert worden. 2014 wurde nun ein weiterer Expertenbericht des Bundes zu dieser Frage veröffentlicht (Eidgenössisches Departement für Wirtschaft, Bildung und Forschung 2014). Aufgrund der bisherigen, langjährigen Erfahrungen spricht wenig dafür, dass die Universitäten heute aus eigener Kraft eine zukunftsfähige Personalstruktur entwickeln können. Merkmale einer solchen Struktur wären u. a.: abgeflachtes Positionsgefüge im oberen Drittel der Pyramide des wissenschaftlichen Personals und unbefristete Stellen in diesem Bereich mit der Berechtigung zu selbstständiger Forschung und Lehre sowie ein Positionsgefüge und Regeln, die eine periodische Beurteilung der erbrachten Leistungen und damit eine Karriere ermöglichen. Unter der Perspektive der Governance muss daher gefragt werden, ob durch die Definition von struktur- und förderungsbezogenen hochschulpolitischen Vorgaben die notwendige Modernisierung der Personalstruktur ausgelöst werden kann, um die vorhandenen, reichen wissenschaftlichen Potenziale besser auszuschöpfen.

Etwas anders präsentiert sich die Situation an Fachhochschulen und Pädagogischen Hochschulen. Hier ist der Mittelbau wenig ausgebaut. Die fachlichen Voraussetzungen der Mitarbeitenden sind zudem höchst heterogen (vgl. Abschlüsse), ihre Pflichtenhefte polyvalent und ihre Zukunftsperspektiven unklar. Bis heute hat sich an diesen beiden Hochschultypen noch kein normatives Bild von der Rolle und den Perspektiven des Mittelbaus entwickelt. Dieses Defizit kann vermutlich nur geklärt werden, wenn die Personalstruktur dieses Hochschultyps insgesamt überprüft wird. Dabei müsste jedoch den Besonderheiten in den einzelnen Fachbereichen Rechnung getragen werden. An dieser Stelle ist schließlich hervorzuheben, dass die wechselseitige Durchlässigkeit von wissenschaftlichen Karrieren zwischen den Hochschultypen nur dann möglich ist, wenn die Laufbahnen für den Mittelbau auch an Fachhochschulen und Pädagogischen Hochschulen eine minimale Struktur aufweisen.

Besondere Herausforderungen, die sowohl Universitäten wie Fachhochschulen und Pädagogische Hochschulen betreffen, stellen sich im Bereich der Doktoratsstudien. Einige Aspekte werden im bereits erwähnten neuen Bericht der Expertenkommission des Bundes angesprochen. An dieser Stelle weisen wir zusätzlich auf spezielle Punkte hin, die im Kontext der gegenwärtigen Wissenschaftsentwicklung angesprochen werden müssen.

Unabhängig von externen Steuerungseingriffen wird die Universität auf absehbare Zeit ihre Kompetenz für die Standards wissenschaftlichen Wissens behaupten wollen und können. Mit dem Doktoratsstudium verfügt sie auch über das für fachwissenschaftliche Nachwuchsrekrutierung maßgebliche Instrument. Mit Blick auf die Stärkung der Autonomie und die bessere Einbindung der Doktoranden und Doktorandinnen in die sich zunehmend international formierenden fachlichen Communities liegt es nahe, die Funktion der betreuenden Professoren und Professorinnen im Doktoratsstudium zu überdenken. Insgesamt ginge es darum, die Funktion der Begleitung von jener der Beurteilung personell zu trennen. Naheliegend ist es daher, die Betreuung wie bisher lokal zu organisieren und für die Beurteilung der Arbeit Peers international zu rekrutieren. Auf diese Weise könnte nicht nur die Qualität der vorgelegten Arbeit verbessert und ihre Anbindung an den internationalen Diskurs gesichert werden. Gleichzeitig würden die Risiken der «dyadischen» Situation zwischen Doktoranden bzw. Doktorandinnen und ihren Professoren und Professorinnen in Grenzen gehalten. In Ansätzen gibt es bereits heute Beispiele für solche Verfahren an einzelnen schweizerischen Universitäten.

Unbestritten ist, dass Masterabsolventen und -absolventinnen der Fachhochschulen und der Pädagogischen Hochschulen ein Zugang zu den universitären Doktoratsprogrammen ermöglicht werden muss. Dazu dienen beispielsweise die geplanten Kooperationsprogramme im Bereich der Didaktik zwischen Universitäten und Pädagogischen Hochschulen. Mit solchen Programmen kann ein Teil des wissenschaftlichen Nachwuchses für die Pädagogischen Hochschulen sichergestellt werden. Auch bietet die oben angesprochene Trennung von lokaler Betreuung und externer Beurteilung neue Möglichkeiten einer hochschulnahen Promotion. Besonders können die Fachhochschulen aufgrund solcher Fördermaßnahmen die erforderliche Wissenschaftsnähe und -basierung ihres Lehrauftrages mit entsprechend wissenschaftlich qualifiziertem Personal erfüllen. Ergänzend zu solchen fachlich begrenzten Programmen könnte über ein «outputorientiertes Modell» die Durchlässigkeit zwischen Fachhochschule und Universität allgemein relativ einfach sichergestellt werden: Absolventen und Absolventinnen einer PH oder FH mit einem Masterabschluss können an den universitären Doktoratsprogrammen teilnehmen und einen Doktortitel erwerben, sofern sie mit ihren im Doktorandenprogramm erbrachten Leistungsnachweisen dokumentieren, dass sie die gestellten universitären Anforderungen erfüllen. Dieses offene, unbürokratische, aber leistungsorientierte Modell hätte zur Voraussetzung, dass die Universitäten die Anforderungen an die Doktorate relativ detailliert definieren und diese gegenüber allen Doktorierenden durchsetzen müssten.

e. Reputation und Eigentümerschaft des Wissens

Wissenschaft bzw. Hochschulen und Gesellschaft verschränken sich zunehmend. Gleichzeitig verstärkt sich der Wettbewerb in den Wissenschaften. Der Druck auf die Hochschulen, Drittmittel einzuwerben, nimmt zu und die Finanzierungsquellen der Forschung werden vielfältiger. Mit dieser Situation werden heute besonders die Fachhochschulen und wegen der kantonalen Trägerschaft etwas anders auch die Pädagogischen Hochschulen konfrontiert. In Zukunft müssen sich zudem vermutlich auch die Universitäten mit diesen Herausforderungen vermehrt auseinandersetzen.

Auftragsforschungsprojekte haben einen Dienstleistungscharakter und werden oft in einem Wettbewerbsverfahren vergeben, an dem jedoch meist keine Peers beteiligt sind. Die Finanzierenden solcher Projekte aus Wirtschaft und öffentlichen Verwaltungen sind naturgemäß in erster Linie an nützlichem und von ihnen verwertbarem Wissen interessiert. Die Chancen der Forschenden, sich mit Projekten der Auftragsforschung wissenschaftliche Reputation zu erwerben und sich damit im Wissenschaftssystem zu positionieren, sind aus mehreren Gründen beschränkt. Zunächst ist die Projektvergabe nicht das Ergebnis eines peer-reviewten Prozesses. Dann wird die Fragestellung in der Regel von jenen definiert, die einen Auftrag erteilen. Formell gehören die Forschungsergebnisse zudem weiterhin den Auftraggebenden, die auch über ihre weitere Verwendung beschließen. Den Forschenden ist es damit erschwert und oft verunmöglicht, ihre Erkenntnisse in den relevanten Communities zu kommunizieren oder in wissenschaftlichen Zeitschriften zu publizieren. Für die Fachöffentlichkeit sind die entsprechenden Forschungen gewissermaßen unsichtbar. Wissenschaftler und Wissenschaftlerinnen, die Auftragsforschung betreiben müssen, sind somit strukturell gegenüber Kollegen und Kolleginnen benachteiligt, deren Stellen durch die Hochschulen oder wissenschaftliche Fördereinrichtungen finanziert werden. In der Auftragsforschung hängt eine reputationsrelevante Nutzung der Forschungsergebnisse deswegen immer von der Gunst der sie finanzierenden Instanzen ab. An dieser Stelle sei festgehalten, dass sich die hier genannte Problematik nicht für alle Fachbereiche in gleicher Weise stellt. Dennoch stellt das skizzierte Problem eine Herausforderung dar, die von der Governance der Hochschulen künftig zu bearbeiten ist.

Allgemein wird daher zu prüfen sein, ob die Transparenz der Finanzierung der Forschung an den Hochschulen gewährleistet ist und ob das Primat der Wissenschaftsfreiheit hinreichend respektiert wird. Besonders ist darauf zu achten, dass bei Aufträgen die Forschenden auch über die Ergebnisse verfügen können.

Quellen

Botschaft zum Bundesgesetz über die Förderung und die Koordination im schweizerischen Hochschulbereich (2009). Bern.
Bundesamt für Statistik (2010). Panorama der Hochschulen. Neuenburg.
Bundesamt für Statistik (2012). Personal der universitären Hochschulen 2010. Neuenburg.
Bundesamt für Statistik (2012). Personal der Fachhochschulen 2010. Neuenburg.
COHEP/GS EDK Bilanztagung II (2010). Wirksame Lehrerinnen- und Lehrerbildung – gute Schulpraxis, gute Steuerung. Luzern.
CRUS/KFH/COHEP (2009). Die drei Hochschultypen im schweizerischen Hochschulsystem.
EDK (1993). Interkantonale Vereinbarung über die Anerkennung von Ausbildungsabschlüssen. Bern.
EDK (1995). Empfehlungen zur Lehrerbildung an den Pädagogischen Hochschulen.
EDK (1999). Reglement über die Anerkennung von Hochschuldiplomen für Lehrkräfte der Vorschulstufe und der Primarstufe vom 10. Juni 1999. Bern.
Eidgenössisches Departement für Wirtschaft, Bildung und Forschung (2014). Maßnahmen zur Förderung des wissenschaftlichen Nachwuchses in der Schweiz. Bern.
KFH (2008). Forschung an Schweizer Kunsthochschulen 2008. Bern.
SKBF (2014). Bildungsbericht Schweiz 2014. Aarau. Schweizerische Koordinationsstelle für Bildungsforschung.

Literatur

Benninghoff, Martin/Braun, Dietmar (2010). Research Funding, Authority Relations and Scientific Production in Switzerland (81–109). In: Whitley, Richard et al. (Hrsg.). Reconfiguring Knowledge Production. Oxford. Oxford University Press.

Burke, Peter (2012). A social history of knowledge. Vol. II. Cambridge: Polity Press. Deutsche Ausgabe. (2014): Die Explosion des Wissens. Von der Encyclopédie bis Wikipedia. Berlin: Wagenbach.

Denzler, Stefan (2014). Integration of Teacher Education into the Swiss Higher Education System. Diss. Lausanne.

Economie suisse (2014). Bildungs-, Forschungs- und Innovationspolitik. Leitlinien der Wirtschaft. Zürich.

Gibbons, Michael et al. (1994). The new production of knowledge: the dynamics of science and research in contemporary societies. London: Sage Publications.

Grande, Edgar et al. (Hrsg.) (2013). Neue Governance der Wissenschaft. Reorganisation – externe Anforderungen – Medialisierung. Bielefeld: transcript.

Gruppe junger Forschender (2012). Positionspapier VISION 2020: Ohne massiven Umbau der universitären Hierarchien wird die Schweiz ihre Eliten vorwiegend aus dem Ausland einkaufen müssen. Hearing WBK-S, 2. April 2012, erweiterte Fassung Juni 2012.

Kiener, Urs et al. (2012). Forschung an den Fachhochschulen 2012: Beschreibungen, Analysen, Folgerungen. Bern: EFHK und BBT.

Leresche, Jean-Philippe et al. (2012). Gouverner les universités. L'exemple de la coordination Genève-Lausanne, 1990–2010. Lausanne: Presse polytechniques et universitaires romandes.

Meyer, John W. et al. (2007). Higher Education as an Institution (187–221). In: Gumport, Patricia (Hrsg.). Sociology of Higher Education. Baltimore: John Hopkins University Press.

Meyer, John W./Schofer, Evan (2005). Universität in der globalen Gesellschaft. Die Expansion des 20. Jahrhunderts (81–98). In: Die Hochschule, Jg. 2.

Müller, Barbara (2012). Die Anfänge der Bologna-Reform in der Schweiz. Rekonstruktionen, Konzeptualisierung und Rezeption des hochschulpolitischen Prozesses aus akteurtheoretischer Perspektive. Bern: hep verlag.

Pätzmann, Monika (2005). Die Fachhochschulen in der schweizerischen Hochschullandschaft. Dargestellt und diskutiert am Beispiel der Abschlüsse in Architektur und Betriebswirtschaft. Zürich.

Weber, Karl et al. (2010). Die Fachhochschulen in der Schweiz: Pfadabhängigkeit und Profilbildung (687–713). In: Swiss Political Science Review16(4).

Weber, Karl/Tremel, Patricia (2010). Schweizerischer Hochschulraum – Expansion und Grenzziehungen (119–146). In: Künzli, Rudolf/Maag Merki, Katharina. «Zukunft Bildung Schweiz». Akten der Fachtagung vom 21.4.2010. Bern: Akademien der Wissenschaften Schweiz.

Willke, Helmut (1998). Organisierte Wissensarbeit (161–177). In: Zeitschrift für Soziologie, Jg. 27, H.3.

Karl Weber und Moritz Rosenmund

Weiterbildung jenseits von Markt und Staat

1 Einleitung

Mit dem neuen Weiterbildungsgesetz schafft der Bund erstmals rechtliche Rahmenbedingungen für das breit gefächerte und dynamische Feld der Weiterbildung. Ob das voraussichtlich 2017 in Kraft tretende Gesetz greifen wird und Ordnung stiften kann, bleibt abzuwarten. Eine gewisse Skepsis scheint jedenfalls angebracht zu sein:

Die institutionelle Entwicklung der verschiedenen Teilbereiche in der Weiterbildung hat zu einer Situation geführt, in der wirtschaftlich, aus Arbeitgeber-, Arbeitnehmer- und politischer Perspektive motivierte Weiterbildung klar eine Vorzugsstellung in Bezug auf Aufmerksamkeit, Wertschätzung, Lobbying und öffentliche Förderung erlangt und stabilisiert hat. Die Etablierung eines entsprechenden Denkmusters begrenzt tendenziell auch den Wahrnehmungshorizont der maßgebenden Akteure in einer Weise, die historisch bedeutsame zivilgesellschaftliche Bezüge von Weiterbildung fast aus dem Blickfeld geraten lässt. Zwar weisen Bund und EDK in ihrer Erklärung von 2015 auf die Notwendigkeit der Förderung eines «zukunftsrelevanten Denkens» und «Urteilsvermögens» hin. Im Vordergrund stehen für sie dabei die Perspektiven einer «nachhaltigen Entwicklung» und der «politischen Bildung». Die entsprechenden Herausforderungen sollen von Bund und Kantonen kooperativ angegangen werden. Aus unserer Sicht ist dieser Blick der beiden zentralen Akteure jedoch insofern problematisch, als sie das Entwicklungspotenzial der Zivilgesellschaft, besonders ihre Lern- und Gestaltungschancen, unterschätzen und deren kollektive Akteure, ihre Programme und Erwartungen weitgehend ausblenden. Weiterbildung soll somit auch künftig vornehmlich mit Blick auf herkömmliche Bildungsorganisationen, Wirtschaft, Staat und (lernende bzw. erwerbsarbeitswillige) Wirtschaftssubjekte «gedacht» und gegebenenfalls unterstützt werden.

Der vorliegende Beitrag setzt zu dieser Perspektive einen gewissen Kontrapunkt, indem er zunächst mit dem Aufriss der Binnendifferenzierung des Weiterbildungsfeldes den allgemeinen Rahmen aufspannt. Dann werden das Weiterbildungsgesetz und seine Prioritäten thematisiert. Schließlich wird die Bedeutung des Vertiefungsschwerpunktes, die zivilgesellschaftliche Dimension der Weiterbildung, dargestellt und gezeigt, an welche Voraussetzungen ihre Entfaltung gebunden ist. Damit wird auf einen blinden Fleck in der Diskussion – zumindest auf Bundesebene – hingewiesen.

2 Differenzierung des Feldes der Weiterbildung

Das Feld der Weiterbildung ist breit gefächert und befindet sich in einem dynamischen Entwicklungs- und Differenzierungsprozess. Mit Blick auf die Förderung der Weiterbildung ist es bedeutsam, sie in ihrem institutionellen Kontext zu betrachten. Unter dieser Perspektive sind in der Weiterbildung sechs Kontexte erkennbar, die in den letzten Jahren eigene Funktions-, Regulierungs- und Leistungsprofile ausgebildet haben. Dafür sind je spezifische Akteure mit gemeinsamen Leitvorstellungen verantwortlich, die ihr Handeln aufeinander beziehen. Sie treiben die Entwicklung der Weiterbildung in ihrem Bereich unter den gegebenen rechtlichen Bedingungen voran und konstituieren einen spezifischen Kontext.

3 Kontexte der Weiterbildung

Kontexte	Definition	Funktion	Struktur des Feldes	Akteure und Leadership
Berufliche Weiterbildung: abschlussbezogen und funktionsorientiert	Weiterbildung nach Eintritt in den Arbeitsmarkt oder bei Arbeitslosigkeit Erweiterung, Spezialisierung und Vertiefung der beruflichen Kompetenzen	Reproduktion und Weiterentwicklung der Berufe Arbeitsmarktfähigkeit	Segmentierung Begrenzte Konkurrenz Nachfragefinanzierung	Rechtliche Rahmenbedingungen von Bund und Kantonen (BBG, AVIG etc.) OdAS Öffentliche und private Anbieter
Weiterbildung im Kontext des Bildungssystems	Nachholbildung Weiterbildungen von Anbietern des tertiären Bildungsbereichs	Vielfältige Funktionen zwischen der Vermittlung von Basiskompetenzen und spezialisierenden beruflichen Kompetenzen	Segmentierung Begrenzte Konkurrenz Angebots- und Nachfragefinanzierung	Rechtliche Rahmenbedingungen von Bund und Kantonen Öffentliche und private Anbieter

Kontexte	Definition	Funktion	Struktur des Feldes	Akteure und Leadership
Betriebliche Weiterbildung	Weiterbildung für den Betrieb und in dessen Interesse	Sicherung der Reproduktion, der Wettbewerbsfähigkeit und der Entwicklungschancen der Unternehmung	Marktposition und technische Herausforderungen bestimmen die Intensität der betrieblichen Weiterbildung	Unternehmungen, Arbeitnehmende und ihre Interessenorganisationen
Infrastrukturelle Weiterbildung	Politisch legitimierte Weiterbildung, die Individuen und Kollektive befähigt, sich mit bestimmten Problemen von allgemeinem Interesse produktiv auseinanderzusetzen	Weiterbildung als Ressource der Problemlösung	Fachlich-thematisch strukturiertes Feld Angebotsfinanzierung	Bundesebene: Regelungen in mehr als 40 Bundesgesetzen (weitere Gesetze auf kantonaler und kommunaler Ebene)
Zivilgesellschaftliche Weiterbildung	Weiterbildung zur Förderung zivilgesellschaftlicher, selbstorganisierter Initiativen und zur Partizipation	Ressource für freiwilliges Engagement von selbstorganisierten, kollektiven und gemeinnützigen Initiativen	Pluralistische Struktur des Feldes Selbstfinanziert, unterstützt durch Stiftungen oder Mäzene	Akteure in gesellschaftlichen Subsystemen wie Gewerkschaften, Frauen- und Umweltbewegungen Keine formale staatliche Legitimation
Weiterer rechtlich nicht normierter Kontext	Weiterbildungen, die sich den bisher erwähnten Kontexten nicht zuordnen lassen	Dienen persönlichen Interessen Breit gefächerte Angebote	Vielfältige, polyzentrische Struktur	Selbstorganisation Private und öffentliche Anbietende

In der obenstehenden Matrix werden diese institutionellen Kontexte mit ihren wesentlichen Merkmalen stichwortartig skizziert. Im Vordergrund stehen: die Definition der Weiterbildung, die Funktion der Weiterbildung, die Struktur des Feldes sowie die Akteure und die Leadership. Die Darstellung ist weitgehend selbsterklärend und bedarf daher mit einer Ausnahme keiner Erläuterung. Diese betrifft die Abgrenzung zwischen der zivilgesellschaftlichen und der infrastrukturellen Weiterbildung.

Die *infrastrukturelle* Weiterbildung bezieht sich inhaltlich auf allgemeine oder spezielle gesellschaftliche Problemlagen wie etwa Drogen- oder Umweltfragen, die politisch anerkannt sind. Zu denken ist auch an die Weiterbildung von Personen, die im Milizsystem öffentliche Aufgaben übernehmen (Behördenmitglieder, Feuerwehrangehörige usw.). In diesen Fällen betrachtet der Gesetzgeber Weiterbildung als Ressource, um diese Probleme anzugehen. Mit Weiterbildung sucht er die Qualität der zu erbringenden Leistungen zu sichern. Entsprechende Maßnahmen sind politisch legitimiert und stützen sich auf rechtliche Grundlagen. Grundsätzlich teilt die zivilgesellschaftliche Weiterbildung den inhaltlichen Fokus mit der infrastrukturellen. Anders als diese kann sie aus strukturellen Gründen jedoch ein breiteres, inhaltlich offenes Spektrum von Herausforderungen bearbeiten. Sie ist auch nicht auf Dauer angelegt. Zivilgesellschaftliche Weiterbildung ist immer ein Ergebnis der freiwilligen Selbstorganisation und -artikulation von freien Bürgern und Bürgerinnen, die ihre Grund- und Freiheitsrechte nutzen und sich für ein bestimmtes, sehr oft öffentliches Problem solidarisch engagieren. In diesem Prozess transformieren sich individuelle Motive und Interessen in kollektive. Dabei ergeben sich Netzwerke organisationaler Verfestigung, die intern ganz unterschiedlich strukturiert sein können. Zu denken ist beispielsweise an zivilgesellschaftliche Initiativen von Kirchen, Gewerkschaften, Ausländerorganisationen und von sozialen Bewegungen mit je spezifischen Zielen. Ergebnis dieser Mobilisierung von «unten» sind Weiterbildungen jenseits von Markt und Staat, die sich nicht auf eine formal-politische Legitimation stützen.

Ordnungspolitisch wird heute im Diskurs die *Weiterbildung als Markt* betrachtet und soll gemäß Weiterbildungsgesetz nach entsprechenden Regeln funktionieren. Namentlich will der Gesetzgeber dafür sorgen, dass öffentliche Weiterbildungsanbieter den Markt nicht verzerren und auch nicht privilegiert sind. Der obige institutionelle Blick auf die verschiedenen Kontexte der Weiterbildung zeigt jedoch, dass sicher nicht der ganze Weiterbildungsbereich nach marktlichen Regeln funktioniert, und dies aus guten Gründen. Besonders dort, wo ein öffentliches Interesse an Weiterbildung besteht, muss der Staat jenseits von Angebot und Nachfrage Initiativen ergreifen und sich auch finanziell engagieren. Dies gilt sicherlich für die infrastrukturelle Weiterbildung, aber (in Grenzen) auch für die Nachholbildung und – wie noch zu zeigen ist – für die zivilgesellschaftliche Weiterbildung. In diesen Bereichen sind Bildungsoffensiven erwünscht.

Aufgrund der je nach Kontext unterschiedlichen Logik der Finanzierung sind zudem die (direkten) finanziellen Gesamtkosten für die Weiterbildung nicht transparent. Unbekannt ist auch, wer welchen Anteil der Kosten trägt: öffentliche Hand, Teilnehmende, Arbeitgebende, Stiftungen, weitere Akteure. Dass sich trotz dieser realen Gegebenheiten im öffentlichen Diskurs zum Weiterbildungsgesetz die Vorstellung durchgesetzt hat, der Weiterbildungssektor sei ein Markt, ist überraschend. Zudem ist in dieser Diskussion der Eindruck entstanden, die Interessen der Weiterbildungsanbieter seien wichtiger als jene der Nachfrage. Einiges spricht dafür, dass mit diesem Diskurs in erster Linie die partikulären (oft betrieblichen Eigen-)Interessen der Weiterbildungsanbieter geschützt werden.

4 Selektivität im Weiterbildungsgesetz

Bei der Vorbereitung des neuen Weiterbildungsgesetzes haben sich Akteure des Bundes, der Kantone, der Sozialpartner, der Weiterbildungsanbietenden, der Wissenschaft und weitere betroffene Akteure mit der Einordnung der Weiterbildung in den schweizerischen Bildungsraum befasst. Dabei wurden in den üblichen, konsensorientierten Verfahren Grundlagen erarbeitet, die zeigen, wie Bund und Kantone die Situation und Bedeutung der Weiterbildung einschätzen und wie sie diese zu fördern gedenken (Bericht des EVD über eine neue Weiterbildungspolitik des Bundes 2009 und Botschaft des Bundesrates über die Weiterbildung 2013).

In den einschlägigen Dokumenten definieren die verantwortlichen Akteure den Regelungsgegenstand des Weiterbildungsgesetzes im Rahmen der Programmatik des lebenslangen Lernens, die sich in den letzten Jahren international durchgesetzt hat. Dabei wird jedoch der in den 1970er-Jahren von der UNESCO propagierte Akzent auf gesamtgesellschaftliche Entwicklung besonders von der OECD und der EU in Richtung eines ökonomischen Nutzens verschoben. Anzumerken ist an dieser Stelle, dass in der Schweiz mindestens auf Bundesebene Weiterbildung seit den 1950er-Jahren immer in den ökonomischen Kontext gestellt wurde. Das von den internationalen Organisationen postulierte breite Verständnis von Weiterbildung (Verbesserung der Chancengleichheit durch Weiterbildung, breites inhaltliches Profil, Beitrag der Weiterbildung zu einer modernen Gesellschaft *und zur gesellschaftlichen Integration und Kohäsion*) hat sich im politischen Diskurs in der Schweiz bis in die jüngste Zeit nicht niedergeschlagen.

Heute nun erkennen die zuständigen Akteure in der nicht formalen Bildung und im Bereich der Grundkompetenzen den Handlungsbedarf, der im Weiterbildungsgesetz geregelt werden soll. Nicht formale, strukturierte Bildung, die vorrangig gefördert werden soll, erfolgt beispielsweise in Kursen, Seminaren, im Privatunterricht. Dazu werden auch Zertifikats-, Diplom- und WB-Master-Weiterbildungen sowie vorbereitende Kurse und Nachdiplomstudien gerechnet. Nicht Gegenstand des Gesetzes ist erstens die formale Bildung, die in Bildungsgängen auf Sekundarstufe II sowie im Tertiärbereich erworben wird. Die entsprechenden Prozesse sind in bestehenden Gesetzen bereits definiert. Ebenfalls ausgeschlossen ist die informelle Bildung, die in der Familienarbeit, bei ehrenamtlichen Tätigkeiten, beim Lesen von Fachliteratur usw. erworben wird. Zwar schreiben die Akteure diesem Modus der Bildung eine große Bedeutung zu. Zugleich sind sie jedoch auch der Auffassung, dass sich informelle Bildung wegen ihrer individuellen Ausgestaltung nicht in Rechtssätzen regeln lasse.[8] Sie erkennen in ihr daher kein öffentliches Interesse, das eine staatliche Förderung rechtfertigen könnte. Folglich braucht der Staat in diesem Bereich nichts zu unternehmen, zumal er in der Weiterbildung ohnehin nur subsidiär tätig sein soll. Angesichts dieser thematischen Fokussierung der weiterbildungspolitischen Perspektiven überrascht wenig, dass die informelle Bildung – anders als im früheren Bericht zur neuen Weiterbildungspolitik – nur ganz kurz gestreift wird, wenn die Bedeutung der Weiterbildung in der Botschaft erörtert wird. So wird darauf hingewiesen, dass informelle Bildung immerhin über Anerkennungsverfahren in formale Bildung transformiert werden kann. Dadurch wird sie auf dem Arbeitsmarkt tauschfähig.

Schließlich versteht der Gesetzgeber die Förderung der Grundkompetenzen Erwachsener als Kampf gegen den Illettrismus. Entsprechende Kompetenzen in Lesen, Schreiben, Mathematik und der Anwendung von Informationstechniken sollen den Erwachsenen eine minimale individuelle Entwicklung und Teilhabe an der Gesellschaft sowie einen Zugang zum lebenslangen Lernen sichern. Die jeweiligen Angebote haben den Charakter einer formalen oder nicht formalen Bildung

Insgesamt kann den hier ausgewerteten Quellen entnommen werden, dass die in die Legifierierung der Weiterbildung einbezogenen Akteure auf Bundesebene Weiterbildung in erster Linie als beruflich-ökonomische Ressource konzipieren. Für sie steht der *Tauschwert von Kompetenzen* und Qualifikationen auf einem sich schnell ändernden Arbeitsmarkt im Vordergrund. Dass Weiterbildung auch eine gesellschaftliche Ressource darstellen kann, wird zwar punktuell gesehen. Die Bereitstellung dieser Ressource soll jedoch eigenverantwortlich erfolgen.

Der skizzierte Modus der Legifierierung ist in den internationalen Diskurs der Bildungs- und Weiterbildungspolitik eingebettet, der seit einigen Jahren unter Führung der EU und der OECD durch Modelle der Ökonomie dominiert wird. Aufwendungen in Bildung und Weiterbildung werden als individuelle oder kollektive Investitionen betrachtet, die Erträge abwerfen sollen. Dem Einzelnen versprechen Bildungsaufwendungen ein höheres Einkommen, eine Karriere, das Halten einer Position in der Arbeitswelt oder schlicht Beschäftigungssicherheit. Dank Investitionen in Weiterbildung sind Unternehmungen und Länder wettbewerbsfähig und innovativ.

---

8 Offensichtlich hat der Gesetzgeber ein enges und zugleich wenig aussagekräftiges Verständnis von informeller Bildung, das mit demjenigen anderer politischer und wissenschaftlicher Akteure kontrastiert.

5 Bildung und Weiterbildung in der Zivilgesellschaft

Glücklicherweise erfüllen Bildung und Weiterbildung nicht nur ökonomische Funktionen. Sie haben auch einen kulturellen und sozialen Wert, sowohl für die Individuen wie auch für die ganze Gesellschaft. Entsprechende Investitionen tragen dazu bei, dass die Einzelnen und die Gesellschaft als ganze entwicklungs-, gestaltungs- und reflexionsfähig bleiben. Ein auf ökonomische Funktionalität eingeschränktes Lernen der Individuen allein kann nicht gewährleisten, dass die Gesellschaft lern- und damit auch innovationsfähig bleibt, wenn sie mit vielfältigsten Herausforderungen – technologischen Entwicklungsschüben, dem Wandel der Familie und der Lebensformen, der Immigration, Integrationsproblemen und anderem mehr – konfrontiert ist. Denn die hoch arbeitsteilige und funktional differenzierte Gesellschaft lässt sich bekanntlich nicht von einem Zentrum steuern. Ihre reale Entwicklung ist das Ergebnis komplexer Wechselwirkungen von fremdinitiierten und selbstadaptiven Prozessen zwischen ihren Teilbereichen. Träger selbstadaptiver Prozesse sind namentlich auch zivilgesellschaftliche Initiativen.

In der einschlägigen Literatur ist man sich einig, dass zivilgesellschaftliche Prozesse, die immer auf Freiwilligkeit beruhen, für die Weiterentwicklung der heutigen Gesellschaft weiterhin, möglicherweise mehr denn je unverzichtbar sind. Denkt man an das hoch differenzierte politische System der Schweiz, an Hilfsorganisationen unterschiedlicher Art, an Wohninitiativen im kommunalen Raum, an die vielfältigen sozialen Bewegungen, an gemeinnützige Werke usw., so wird einem bewusst, dass unser Land ohne solche Strukturen nicht an dem Punkt stehen würde, an dem es sich heute befindet. In ihrer Summe sind sie zugleich Ausdruck und Voraussetzung des Prinzips der Subsidiarität und tragen dazu bei, das Niveau der Erwartungen, welche die Bevölkerung gegenüber staatlichen Leistungen hegt, in Grenzen zu halten. Man denke nur an die vielen freiwilligen Helfer und Helferinnen im Asylwesen oder in der Betreuung betagter Menschen – Formen der Unterstützung, für die nur in informellem Lernen erworbene Kompetenzen oft nicht ausreichen. Zivilgesellschaftliche Initiativen reagieren situativ auf neue Problemlagen, lange bevor diese in einem parlamentarischen oder administrativen Verfahren bearbeitet werden. Sie stoßen somit Prozesse an, bearbeiten Probleme und tragen zur Lebensqualität vieler bei. Mit ihren Aktivitäten und organisationalen Verfestigungen verknüpfen sie die Ebenen der Individuen und der Gesellschaft. Das vorherrschende normative Bild der Schweiz als offene, liberale Gesellschaft ist ohne eine starke zivilgesellschaftliche Basis gar nicht denkbar.

Allgemein und zugleich abstrakt formuliert bedingen zivilgesellschaftliche Prozesse Netzwerkbildungen. Zu denken ist hier zunächst an eher informelle Netze, die durch Familien, Nachbarschaften und Freundeskreise konstituiert werden.

Netzwerke bilden sich jedoch auch zwischen einander ursprünglich unbekannten Personen, denen Aufmerksamkeit für ein bestimmtes gesellschaftliches Problem gemeinsam ist, das sie in einer Form von Freiwilligenarbeit zu bewältigen oder doch zu mildern versuchen. Oftmals entstehen daraus im Laufe der Zeit Organisationen wie beispielsweise Vereine oder Genossenschaften, die sich auf bestimmte Organisationszwecke fokussieren, jedoch nicht schon allein deswegen den Charakter einer Solidargemeinschaft verlieren oder auf das freiwillige Engagement Einzelner verzichten müssen. Unter kulturellen Aspekten sind die Netzwerke daher bedeutungsvoll für die Entstehung und Pflege von Vertrauensbeziehungen wie auch als normbildende soziale Strukturen, in deren Rahmen Werte wie Reziprozität und Toleranz aktualisiert werden.

Es ist nicht zu übersehen, dass die Entwicklung im 20. Jahrhundert zu einem Schub an funktionaler Differenzierung, an Fragmentierung der «großen» Kollektive und zu so etwas wie Individualisierung bzw. Bedeutungszunahme «kleiner» Kollektive geführt hat. Dynamisiert wurde dieser Prozess besonders durch die räumliche und soziale Mobilität. Dadurch veränderte sich auch der Charakter der Freiwilligkeit der Freiwilligenarbeit. Freiwilligkeit ist mehr als zuvor eine Sache individueller Entscheide, weniger als zuvor dem Milizgedanken (siehe Rekrutierungsprobleme der Behörden) oder einem «großen» Kollektiv verpflichtet. Kirchliche und gewerkschaftliche Bildungsarbeit wie auch Parteischulung dürften damit relativ gesehen an Bedeutung eingebüßt haben. Neu im Spiel sind dafür Bildungsangebote, die sich an das Individuum qua Individuum richten. Die (individuelle) Nutzung solcher Angebote mit einer zivilgesellschaftlichen Perspektive in Verbindung zu bringen, ist wesentlich eine Eigenleistung des Einzelnen, gegebenenfalls unterstützt durch dessen Partizipation an einem Netzwerk.

Lernen ist in den beschriebenen Zusammenhängen in mehrfacher Hinsicht von Bedeutung. So stellen zivilgesellschaftliche Netzwerke als solche immer schon Orte des individuellen und kollektiven, in der Regel zunächst informellen Lernens dar. Netzwerke basieren darauf, dass ihre Mitglieder ihr Handeln aufeinander abstimmen. Dies bedingt vielfältige Prozesse des Informations- und Wissensaustauschs, der Wissensteilung, gemeinsamer Analysen und Abwägungen sowie der Neuorientierung des Handelns der Beteiligten. Dadurch werden individuelle Handlungsoptionen herausgefordert. Deren Umsetzung ermöglicht zudem den Einzelnen, neue Erfahrungen zu sammeln, also zu lernen. Somit sind Lernbereitschaft bzw. Lernen ganz allgemein Voraussetzungen für individuelle Partizipation an einem Netzwerk, genauer für die Möglichkeit, einen relevanten Beitrag zu dessen Bestrebungen zu leisten. In besonderem Maße gilt dies für Freiwilligenorganisationen, deren Wirkung namentlich von der Verfügbarkeit bestimmter Kompetenzen – etwa technischer, juristischer, politischer, psychosozialer oder gestalterischer – abhängig ist. Unter Gesichtspunkten kollektiven Lernens ist schließlich ein Organisationswandel, der für zivilgesellschaftliche Initiativen oft notwendig ist, ohne Lernen der Beteiligten gar nicht möglich.

Dass in der schweizerischen Weiterbildung das Matthäusprinzip gilt, ist allgemein bekannt: Je höher der formale Bildungsabschluss, desto wahrscheinlicher die Beteiligung an Weiterbildung. Deswegen dürfte wenig überraschen, dass formale Bildung auch eine wichtige individuelle Voraussetzung darstellt, um einen Zugang zu Netzwerken im hier beschriebenen Sinne zu finden. Dies wurde für die Schweiz in jüngeren sozialwissenschaftlichen Studien empirisch untersucht und soll an dieser Stelle stichwortartig dokumentiert werden: Je höher die formale Bildung, desto eher engagieren sich die Menschen in Vereinen und in der Freiwilligenarbeit (u. a. Ehrenämter, informelle Freiwilligenarbeit). Offensichtlich können sich zudem vor allem in der deutschsprachigen Schweiz gut Ausgebildete, die in einem Verein oder der Freiwilligenarbeit aktiv sind, eines überdurchschnittlichen Vertrauens erfreuen. Schließlich sprechen nach den vorliegenden Untersuchungen einige Argumente dafür, dass für Hochgebildete im Umgang mit andern Menschen innere moralische Verpflichtungen als verhaltensbezogene «altruistische Reziprozitätsnorm» wichtiger sind als für weniger Gebildete.

Offensichtlich erhöht erworbene Bildung also die Wahrscheinlichkeit, dass sich Menschen *überhaupt* in zivilgesellschaftlichen Initiativen engagieren. Aus der schweizerischen Forschung wissen wir auch, dass Freiwillige mit ihrem Engagement sehr zufrieden sind. Diese Zufriedenheit ist höchst stabil. Damit sich jedoch dieses Gefühl einstellt, müssen sie von ihrer Organisation und deren Mitarbeitenden unterstützt und gut informiert werden. Klar gilt als wichtigste Motivation für das Engagement der Freiwilligen die Anerkennung, die sie von der Organisation, aber auch von der Familie, Freunden und Bekannten erfahren. Einiges spricht dafür, dass auch die Aussicht, mit der Freiwilligenarbeit Neues lernen zu können, der *Dauerhaftigkeit* des Engagements förderlich ist. Dass die Freiwilligen es in Bezug auf die jeweiligen Ziele ihres Einsatzes auch *kompetent* tun, ist damit allerdings noch nicht gewährleistet. Vielmehr sind dazu oftmals auch nonformale, intentional auf bestimmte Lernziele gerichtete Bildungsanstrengungen erforderlich, die nur *dem äußeren Anschein nach* der Befriedigung individueller Interessen dienen (und damit der bildungspolitisch scheinbar irrelevanten Restkategorie zugeordnet werden können), *in Tat und Wahrheit* aber als Manifestation der lernenden (Zivil-)Gesellschaft zu betrachten und in diesem Sinne im gesamtgesellschaftlichen Interesse förderungswürdig sind. Die Aneignung vertiefter Kenntnisse über Institutionen, gesetzliche Regelungen, Strukturen und Praktiken der sozialen Arbeit, des Strafvollzugs und des Asylwesens gehört ebenso zu diesen Manifestationen wie etwa der Erwerb von Wissen über den gegenwärtigen Stand der Geriatrie bezüglich medizinischer und psychosozialer Aspekte oder über die Rahmenbedingungen, die bei der Lancierung eines politischen Vorstoßes zu beachten sind.

6 Beispiele zivilgesellschaftlichen Lernens

Im Folgenden werden zwei Beispiele zivilgesellschaftlichen Lernens mit einigen Stichworten skizziert:

Das erste betrifft die *«Autonome Schule Zürich» (ASZ)*, die von dem Verein «Bildung für alle» getragen und zurzeit ausschließlich mit privaten Spenden unterstützt wird. Anders als der Name vermuten lässt, handelt es sich dabei nicht um eine Schule im engeren Sinn, sondern um ein Netzwerk – von den Initiantinnen und Organisatoren auch als «Projekt» verstanden –, in dessen Rahmen vielfältigste Aktivitäten – Diskussionsgruppen, Filmprojektionen, Führen einer Bibliothek etc. – veranstaltet werden. Im Netzwerk finden somit Lernprozesse in unterschiedlichen Settings und in Bezug auf unterschiedliche Lerngegenstände statt, wodurch die Teilnehmenden auf verschiedenen Ebenen herausgefordert werden. Das Netzwerk selbst kann also nur dann überleben, wenn es sich als lernend und in stetiger Weiterentwicklung begreift. Hauptschwerpunkt der Aktivitäten sind jedoch die Sprachkurse für Asylbewerberinnen und Asylbewerber, insbesondere für Sans-Papiers, deren Zugang zu Bildungsangeboten extrem eingeschränkt ist. Alle Beteiligten arbeiten ehrenamtlich und der Kursbesuch ist kostenlos, erwartet wird jedoch auch von den Lernenden, dass sie sich neben dem Kursbesuch an den Aktivitäten des Netzwerks beteiligen. Wie der Website (www.bildung-fuer-alle.ch) zu entnehmen ist, befindet sich die «Schule» – nicht zum ersten Mal – wieder auf der Suche nach geeigneten Räumlichkeiten. Nicht zuletzt deshalb, beispielsweise aber auch als Unkostenbeitrag für die Pflege der Website, könnte eine Förderung im Zeichen der zivilgesellschaftlichen Weiterbildung das Funktionieren des Netzwerks erleichtern.

Das zweite Beispiel betrifft ein *Netzwerk* der Freiwilligenarbeit. Freiwilligenarbeit erfordert nicht nur Motivation und Sachkenntnis, sondern auch soziale Kompetenzen. Gemeint ist damit nicht zuletzt die Fähigkeit, sich mit den eigenen Wertvorstellungen und Interessen in NGOs oder staatlichen Institutionen mit ihrem fest angestellten, bezahlten Personal so zu positionieren, dass die Ziele der betreffenden Organisation erreicht werden können. Hier setzt der schweizerische Zweig eines europäischen Netzwerks, *European Mentoring & Coaching Council* (emccouncil.org/ch/de), an. Dabei bieten erfahrene Coaches kostenloses Mentoring bzw. Coaching für Freiwillige an, die sich dies nicht selbst leisten könnten. Der Ansatz wurde bereits erfolgreich erprobt in dem Pilotprojekt «Salute», das von dem Schweizerischen Roten Kreuz im Kanton Zürich durchgeführt und Ende

2015 beendet wurde (srk-zuerich.org). Hier werden Freiwillige gecoacht, die Menschen in schwierigen Lebenslagen zeitlich begrenzt unterstützen und damit eine Lücke zwischen medizinischen und sozialen Versorgungssystemen schließen. In den Coachings erhalten die Freiwilligen ihrerseits Unterstützung darin, ihre Rolle zwischen den bezahlten Mitarbeitenden des Gesundheitswesens, fest angestellten Sozialarbeitern oder Sozialarbeiterinnen der Gemeinde, Mitarbeitenden von (Sozial-)Versicherungen sowie der NGO (SRK) zu finden. Insgesamt handelt es sich bei solchen Coachings klar um eine Form der Weiterbildung, in der – im vorliegenden Fall soziale – Kompetenzen auf freiwilliger Basis zielorientiert weitergegeben werden. Mit einer entsprechenden Anschubfinanzierung durch die öffentliche Hand ließe sich das Modell vermutlich auf zahlreiche andere Bereiche übertragen.

7 Öffentliche Förderung zivilgesellschaftlichen Lernens – kein Widerspruch

Wie die Analyse zeigt, ist eine liberale, offene, der Subsidiarität und der Solidarität verpflichtete Gesellschaft auf autonome zivilgesellschaftliche Initiativen und entsprechendes Lernen notwendigerweise angewiesen – heute und in Zukunft vielleicht noch mehr als bisher. Anders ist eine Weiterentwicklung einer liberalen Gesellschaft kaum denkbar. Daran ändern auch die rasanten technischen Entwicklungen, die Digitalisierung, die steigende Arbeitsproduktivität und der Druck, der auf den Erwerbstätigen lastet, nichts. Die nicht übersehbare Stärke zivilgesellschaftlicher Initiativen ergibt sich aus ihrer Nähe zu den Bürgern und Bürgerinnen, ihren Interessen und ihrer Wahrnehmung öffentlicher Probleme.

Stimmt man dieser Einschätzung zu, dann entsprechen vielfältige zivilgesellschaftliche Initiativen einem gesellschaftlichen und damit öffentlichen Interesse und rechtfertigen eine staatliche Förderung durch Bund, Kantone und Gemeinden. Dabei muss den Besonderheiten zivilgesellschaftlich initiierten Lernens Rechnung getragen werden.

Zivilgesellschaftliche Initiativen entstehen immer von unten, reagieren auf Problemlagen, die von Bürgern und Bürgerinnen als bedeutsam wahrgenommen werden, sind oft spontan und werden kaum langfristig geplant. Im Kern werden öffentliche Fragen bearbeitet. Zivilgesellschaftliche Initiativen regulieren sich strukturell nicht nach wettbewerblichen Kriterien und ebenso wenig lassen sie sich staatlich verordnen.

Unbestritten ist, dass zivilgesellschaftlich initiierte Lernräume ihr Potenzial nur entfalten können, wenn sie organisational über einigermaßen verlässliche Rahmenbedingungen verfügen. Dazu gehören minimale infrastrukturelle Voraussetzungen, die durch eine öffentliche Finanzierung geschaffen werden können. Je nach Initiative ist zu denken an personelle Mittel, um die Animation und den Austausch in Netzwerken und damit ihre Leistungsfähigkeit sicherzustellen. Es kann aber auch um die Bereitstellung von räumlichen Infrastrukturen gehen. Entscheidend ist, dass mit öffentlichen Mitteln Voraussetzungen geschaffen werden, die das Lernen in zivilgesellschaftlichen Netzwerken attraktiv machen und damit die Erfolgsschwelle für entsprechende, nicht profitorientierte Lerninitiativen senken. Um dieses Ziel zu erreichen, bietet sich eine Anschubfinanzierung mittels einer Projektförderung für zivilgesellschaftliche Initiativen an, die einen monetären oder nicht monetären gesellschaftlichen Nutzen abwerfen und die organisational minimal verfestigt sind. Je nach Initiative (vgl. jeweiliges Problem, seine Ausstrahlung sowie seine organisationale Verfassung) sind hier Bund, Kantone oder Gemeinden gefordert. Auf Bundesebene ist namentlich zu prüfen, ob gemäß Art. 10 und 12 des neuen Weiterbildungsgesetzes bereits heute eine solche Förderung möglich ist. Weiterhin sollen sich jedoch – wie bereits heute – zivilgesellschaftliche Initiativen selbst koordinieren, wenn überhaupt. Ihren Arbeitsfeldern sind keine Grenzen gesetzt.

Literatur

Eidgenössisches Volkswirtschaftsdepartement (2009). Bericht des EVD über eine neue Weiterbildungspolitik des Bundes. Bern.
Faure, Edgar et al. (1972). Learning to be: The world of education today and tomorrow. Paris: UNESCO.
Field, John (2008). Social Capital. New York: Routledge.
Freitag, Markus (Hrsg.) (2014). Das soziale Kapital der Schweiz. Zürich: NZZ Libro.
Schläfli, André/Sgier Irena (2014). Weiterbildung in der Schweiz. Bielefeld: W. Bertelsmann Verlag.
Schweizerischer Bundesrat (2013). Botschaft zum Bundesgesetz über die Weiterbildung. Bern.
Schweizerische Eidgenossenschaft/EDK (2015). Chancen optimal nutzen. Erklärung 2015 zu den gemeinsamen bildungspolitischen Zielen für den Bildungsraum Schweiz. Bern.
Scott, Richard W. (2014). Institutions and Organizations: ideas, interests and identities. London: SAGE.
Weber, Karl/Tremel, Patricia (2009). Perspektiven öffentlicher Förderung von Weiterbildung. Arbeitsbericht 37 des ZUW Universität Bern. Bern: Universität.
Wehner, Theo (2013). Anerkennung als Motivation. Was motiviert wirklich? Referat an der Fachtagung des Netzwerks freiwillig engagiert/Benevol Schweiz in Olten vom 20.11.2013.
Widmer, Josef (2014). Weiterbildungsgesetz weiteres Vorgehen. Referat: Bildungspolitische Tagung SVEB vom 6. Mai 2014.

Katharina Maag Merki

Selektion und Übertritte

1 Einleitung

Das Bildungssystem in der Schweiz weist eine vertikale und horizontale Differenzierung des Bildungsangebots auf. Generell (mit einzelnen Ausnahmen) werden in der Vertikale die Primarstufe (6 bzw. 8 Jahre inkl. Kindergarten), die Sekundarstufe I (3 Jahre) und Sekundarstufe II (3–5 Jahre) sowie die Tertiärstufe unterschieden. Zusätzlich bestehen innerhalb der einzelnen Stufen unterschiedliche Bildungsangebote, namentlich auf der Sekundarstufe I die leistungsmäßig differierenden Angebote Gymnasium/Maturitätsschule, Sekundarschule A mit erweiterten Leistungsansprüchen oder Sekundarschule B mit grundlegenden Leistungsansprüchen. Auf der Sekundarstufe II und der Tertiärstufe setzt sich der Trend zu einem stärker differenzierenden Bildungsangebot fort. Auf der Sekundarstufe II sind die berufsbildenden dualen Ausbildungswege oder die allgemeinbildenden Maturitätsschulen zu unterscheiden. Auf der Tertiärstufe sind die unterschiedlichen Ausbildungsgänge aufgrund der Differenzierung zwischen Fachhochschulen, Pädagogischen Hochschulen und universitären Hochschulen augenfällig sowie das komplexe Weiterbildungssystem im Berufssektor. Übergänge in vertikaler oder horizontaler Perspektive stellen somit – auch im Vergleich zu anderen Bildungssystemen – ein Kernmerkmal des schweizerischen Bildungswesens dar.

Das Vorhandensein eines hoch ausdifferenzierten Bildungswesens bedingt zu entscheiden, wer welche Ausbildungswege oder Übertritte realisieren kann und darf. Schweizerischer Konsens besteht darin, dass eine hohe Durchlässigkeit zwischen den verschiedenen Ausbildungswegen mannigfaltige Bildungslaufbahnen ermöglichen soll und dass der Zugang zu bestimmten Bildungsangeboten, z. B. an universitären Hochschulen, nicht nur über einen «klassischen» Ausbildungsweg gewährleistet werden soll. Ausbildungen und Ausbildungsabschlüsse können somit auch «nachgeholt» und «über Umwege» realisiert werden. Voraussetzung für die Wahl und Nutzung eines Bildungsangebotes sind gemäß EDK einzig die Qualifikationen, die das Individuum im Verlaufe der Bildungslaufbahn erwirbt oder erworben hat (mit gewissen Einschränkungen bei der Bildungsbildung und bei einzelnen Fächern an Universitäten): «Wer über die notwendigen Qualifikationen verfügt, kann grundsätzlich die Ausbildung seiner Wahl absolvieren, bei den Hochschulen kann auch der Ausbildungsort frei gewählt werden» (EDK 2016, http://www.edk.ch/dyn/14798.php [4.4.2016].

Die ausgeprägten vertikalen und horizontalen Mobilitätsmöglichkeiten in der Schweiz führen somit zu vielen Übergängen, aber auch zur Notwendigkeit der Selektion der Schülerinnen und Schüler und der Zuweisung oder Nichtzuweisung zu bestehenden Bildungsangeboten. *Vertikale Mobilität* bedeutet an dieser Stelle, *von einer Bildungsstufe zur nächsten zu wechseln*, also beispielsweise von der Primarstufe zur Sekundarstufe I, von dieser zur Sekundarstufe II usw.; *horizontale Mobilität* wiederum wird verstanden als *Wechsel innerhalb einer Stufe*, also von einem Angebot zu einem anderen (z.B. auf der Tertiärstufe von der Fachhochschule zur Universität). Die daraus resultierende Notwendigkeit zur Selektion hat in der Praxis zur Folge, dass verschiedene Herausforderungen bewältigt werden müssen: Denn die unterschiedlichen Abschlüsse, die über die Nutzung der verschiedenen Bildungsangebote resultieren, sind mit unterschiedlichen Optionen für weiterführende Bildungswege und unterschiedlichen gesellschaftlichen Positionen verbunden (Engelage und Hadjar 2008).

Allerdings zeigen empirische Befunde, dass in der Schweiz trotz normativer Vorgaben und einer entsprechenden Struktur des Bildungswesens das Problem der Durchlässigkeit und der Selektion nicht zur Zufriedenheit gelöst ist (SKBF 2014): Zwar wird das Bildungsangebot in der Breite genutzt (Scharenberg et al. 2014). Jedoch haben Ausbildungswege über den nicht linearen im Vergleich zum traditionellen Weg einen sehr geringen Zulauf (Scharenberg et al. 2014; Schmid und Gonon 2011). Des Weiteren ist die vertikale und horizontale Mobilität nicht einzig von den erworbenen Qualifikationen abhängig, sondern wird in hohem Maße durch leistungsfremde Merkmale wie Geschlecht oder den sozioökonomischen Hintergrund der Personen mitbestimmt (Becker und Lauterbach 2007; SKBF 2014). Zusätzlich sind Ausbildungswege abhängig von der formalen Angebotsstruktur – beispielsweise vom Vorhandensein von Gymnasien auf dem Land oder von Berufsbildungsangeboten in den verschiedenen Sprachregionen – oder von zusätzlichen Aufnahmekriterien, wie beispielsweise von kantonalen Aufnahmequoten für das Gymnasium, vom Vorweisen eines «Multichecks», um eine bestimmte Lehrstelle zu bekommen, oder von spezifischen Aufnahmeprüfungen.

Damit ist erkennbar, dass die Thematik von Übergängen und Selektionsverfahren eng mit der Frage der Bildungsgerechtigkeit zusammenhängt, da an Übergängen und durch die damit verknüpften Selektions- und Entscheidungsprozesse soziale Ungleichheiten verschärft werden (Maaz et al. 2009; SKBF 2014). Wenn Bildungsgerechtigkeit aber nur dann gewährleistet ist, wenn bei gleichen individuellen Leistungen, einem vergleichbaren Bildungsangebot und vergleichbaren

Anforderungen bzw. «Hürden» vergleichbare Entscheidungen getroffen werden (Giesinger 2007), dann ist es notwendig, einen Blick auf die Strukturen, die Akteure und ihre Handlungen im Kontext von Selektionsentscheiden zu werfen, um darauf aufbauend Spannungsfelder und spezifische Herausforderungen für die Schweiz, insbesondere auch aufgrund der föderalistisch gestalteten Bildungshoheit, zu skizzieren.

Die Identifikation der für die Thematik relevanten Strukturen, Akteure und Handlungen soll im nachfolgenden Abschnitt im Sinne eines konzeptionellen Überblicks erfolgen. Darauf aufbauend werden verschiedene Veränderungen in der Schweiz skizziert. Der dritte Teil des Beitrags hat zum Ziel, Spannungsfelder zu benennen und Herausforderungen für die zukünftige Gestaltung des Bildungswesens in der Schweiz zu diskutieren. Der Beitrag schließt mit einem Fazit ab.

2 Übergänge und Selektionsprozesse – eine Analyse der Strukturen, Akteure und Handlungen

Beurteilungs- und Selektionsentscheide sind zunächst *individuelle Entscheide*. Einzelne Lehrpersonen oder Dozierende entscheiden entlang spezifischer expliziter und/oder impliziter Kriterien, inwiefern Schülerinnen und Schüler, Studierende oder Auszubildende eine ungenügende, genügende, befriedigende, gute oder sehr gute Leistung erbracht haben. Es können allerdings auch *kooperative Entscheide* sein, und dies vor allem dann, wenn schriftliche oder mündliche Leistungsergebnisse von mehreren Lehrpersonen bewertet werden (Erst-, Zweit-, Drittkorrektur). Des Weiteren können Selektionsentscheide aufgrund eines *institutionellen* Beurteilungsprozesses realisiert werden. Dies ist dann der Fall, wenn eine Institution auf der Basis verschiedener Einzelentscheide einen Gesamtentscheid bezüglich Promotion oder Nichtpromotion von Schülerinnen und Schülern zu fällen hat, so beispielsweise am Ende eines Schuljahres bei der Frage der Promotion oder Nichtpromotion von Gymnasiasten und Gymnasiastinnen fürs nächste Schuljahr. Eine weitere Ebene ist dann involviert, wenn Leistungsbeurteilungen von einem überinstitutionellen Gremium realisiert werden, wie dies beispielsweise bei den neu eingeführten «Checks» im Bildungsraum Nordwestschweiz der Fall ist (Bildungsraum Nordwestschweiz, 2012).

Auch wenn alle Beurteilungs- und Selektionsentscheide «von Menschen» gefällt werden, allenfalls mit Unterstützung von computerbasierten Berechnungssystemen, so sind neben diesen individuellen Akteuren auch kollektive Akteure (z. B. Fachgruppen, Schulen, überinstitutionelle Gremien) im Beurteilungsprozess involviert.

Von diesen Akteuren innerhalb des öffentlichen Bildungswesens können jene unterschieden werden, die nicht unter der Obhut der kantonalen Bildungsdirektionen und Ämter stehen oder im öffentlichen Auftrag agieren und somit als *private Akteure* bezeichnet werden können. Besonders auffällig ist hier der private Anbieter «Multicheck» (http://www.multicheck.org/de/ [4.4.2016]), der u. a. «Eignungsanalysen» für Jugendliche anbietet, differenziert nach Ausbildungswunsch. Zudem ist festgelegt, dass «die einzelnen Eignungsanalysen pro Abklärungsperiode (Mai bis April) maximal zwei Mal absolviert werden [können]. Um einen Vermerk zu vermeiden, müssen die beiden Durchführungen in unterschiedlichen Testperioden stattfinden sowie mindestens drei Monate dazwischen liegen» (http://www.multicheck.org/de/ [4.4.2016]). Diese Tests sind für die individuelle Laufbahn der Jugendlichen daher relevant, weil die Resultate den Bewerbungen für viele Berufsausbildungsplätze beizulegen sind und Jugendliche ohne diese Tests kaum einen Ausbildungsplatz bekommen.

Beurteilungs- und Selektionsentscheide lassen sich entlang der *«Objekte» der Beurteilung und Selektion* unterscheiden. In der Regel werden Leistungen von Schülerinnen und Schülern etc. beurteilt; im Bildungswesen in der Schweiz werden aber auch Lehrpersonen, teilweise lohnwirksam, beurteilt (z. B. Kanton Zürich). Zudem werden im Zuge der neueren Steuerungskonzepte und der damit implementierten Monitoringinstrumente (Maag Merki 2016) ganze Schulen/Institutionen oder sogar Kantone oder Nationen beurteilt.

Nicht alle dieser Beurteilungsprozesse haben aber primär die *Funktion*, Selektionsentscheide zu fällen, sondern können auch in erster Linie der Diagnose der Kompetenzen und der Standortbestimmung der Schülerinnen und Schüler dienen, damit in der Folge ein auf ihr Profil abgestimmtes Unterstützungsprogramm durchgeführt werden kann. Je näher am Ende eines Schuljahres oder einer Schulstufe diese Beurteilungen erfolgen, desto eher kann allerdings davon ausgegangen werden, dass die entsprechenden Resultate in den Übertrittsentscheid einfließen und damit der Selektion der Schülerinnen und Schüler dienen. Dies ist insbesondere bei Abschlusszeugnissen der Fall oder bei Beurteilungssystemen, die zur Regulierung des Eintritts in eine Schulstufe/-form dienen (z. B. «Multichecks», Aufnahmeprüfung für das Gymnasium im Kanton Zürich). Für Individuen ist der Beurteilungsprozess – insbesondere beim vertikalen Übergang von einer Stufe in die nächste oder auf horizontaler Ebene von einem Leistungsniveau in ein anderes innerhalb einer Stufe – mit Selektion und damit zusammenhängend auch mit Allokation verbunden, also der Zuweisung zu bestimmten Positionen und Ressourcen. Auf institutioneller Ebene können diese Beurteilungsprozesse aber ebenfalls mit Allokations- und Selektionsentscheiden verbunden sein. Dies ist vor allem in sogenannten High-Stakes-Rechenschaftssystemen der Fall, wenn Schulen, die die gesetzten Leistungsziele am Ende des Jahres nicht erreichen, sanktioniert werden, beispielsweise mit einer Reduktion der finanziellen Mittel, der Kündigung von Lehrpersonen oder mit ihrer Schließung (Maag Merki 2016).

a. Übergänge und Selektionsprozesse – Entwicklungen in der Schweiz

In den letzten Jahren zeichnen sich an einzelnen Stellen deutliche Veränderungen ab. Diese können besonders durch neue Steuerungskonzepte in der Gesellschaft und im Bildungswesen (z. B. stärkere Orientierung an institutionenökonomischen Theorien [NPM]), durch einen verstärkten Qualitätsdiskurs, der auf Effektivitätssteigerung abzielt, durch verstärkte Sparbemühungen (Ziel: Effizienzsteigerung) sowie mit einer stärkeren Orientierung an internationalen Verfahren begründet werden. Zwei zentrale Veränderungen betreffen den Übergangs- und Selektionsprozess in besonderer Weise: eine Verschiebung der involvierten Akteure im Beurteilungsprozess (Abschnitt 2 b) sowie eine Erweiterung und Neugewichtung der Beurteilungsnormen (Abschnitt 2 c).

b. Veränderung der Akteure im Beurteilungsprozess

In der Schweiz hat sich in den letzten Jahren eine deutliche Entwicklung hin zu Beurteilungs- und Selektionsprozessen vollzogen, die nicht mehr in erster Linie nur auf individuellen Entscheiden basieren, sondern *in stärkerem Maße auch Entscheide kollektiver und institutioneller Akteure einschließen*. Interessant ist hier beispielsweise, dass Gymnasien eine gemeinsame Entwicklung, Durchführung und Beurteilung von Prüfungen anstreben («Gemeinsame Prüfung»: Mero 2013), sei dies im Rahmen von Leistungsbeurteilungen während oder am Ende eines Schuljahres oder Ausbildungsganges. Im Gegensatz zu anderen Verfahren ist hier die Initiative zumindest teilweise bottom-up von den Lehrpersonen, Fachschaften und Schulen selbst ergriffen worden, um die Qualität und Vergleichbarkeit der Beurteilungsanforderungen und -resultate zu steigern.

Erwähnenswert sind die im Nordwestschweizer Bildungsraum implementierten harmonisierten Maturitätsprüfungen, die im Gegensatz zu früher keine Prüfungen von einzelnen Lehrpersonen sind, die sie für ihre eigene Klasse entwickelt haben. Hierbei sind schulübergreifende Akteure (Ressortgruppen) involviert, um die Qualität der Prüfungsaufgaben zu überprüfen und schulübergreifend vergleichbare Anforderungen zu erreichen. Die Initiative ist im Gegensatz zu den schulintern organisierten «gemeinsamen Prüfungen» stärker bildungspolitisch motiviert und von Bildungsadministrationen ergriffen worden.

Selektion und Übertritte

Akteure (Subjekte des Beurteilungs- und Selektionsprozesses)	Entscheid	Objekte des Beurteilungs- und Selektionsprozesses	Zeitpunkt der Beurteilung	Funktion der Beurteilung	Relevanz des Entscheides	Prozess der Beurteilung/ Selektion	Kriterien
Akteure des öffentlichen Bildungswesens							
Individueller Akteur (Lehrpersonen, Dozierende)	Individueller Entscheid	• Individuen (Schülerinnen und Schüler, Studierende, Auszubildende etc.) • Lehrpersonen/ Dozierende • Institute/Schulen • Kantone/Länder	• Am Anfang des Schuljahrs • Während des Schuljahrs • Am Ende des Schuljahrs/der Schuljahrgangsstufe • Als Eintrittsprüfung	• Diagnose/ Standortbestimmung • Selektion • Allokation	• Low-stakes vs. high-stakes	• Einschrittig vs. mehrschrittig; • Feedbackverfahren • Standardisierungsgrad • Monitoring/ Qualitätssicherung	• Explizit/implizit • Umfang: Einzelkriterium vs. Kriterienkonstellation • Referenzmaßstab: individuell, sozial, kriterial
Kooperativer Akteur: Fachkollegium (mehrere Lehrpersonen in einem Lehrerteam)	Kooperativer Entscheid						
Institutioneller Akteur (Einzelschule)	Kollektiver Entscheid						
Kollektiver Akteur (Institutionenübergreifend: Kantone, Bund)	Kollektiver Entscheid						
Akteure außerhalb des öffentlichen Bildungswesens							
Private institutionelle Akteure	Kollektiver Entscheid	• Individuen (Schülerinnen und Schüler, Studierende, Auszubildende etc.) • Für Institute/Schulen	• Am Anfang des Schuljahrs • Während des Schuljahrs • Am Ende des Schuljahrs/der Schuljahrgangsstufe • Als Eintrittsprüfung • unbestimmt	• Diagnose/ Standortbestimmung • Selektion • Allokation	• Low-stakes vs. high-stakes	• Einschrittig vs. mehrschrittig; • Feedbackverfahren • Standardisierungsgrad • Monitoring/ Qualitätssicherung	• Explizit/implizit • Umfang: Einzelkriterium vs. Kriterienkonstellation • Referenzmaßstab: individuell, sozial, kriterial

Auch in der Primarschule gibt es Entwicklungen hin zu einer häufigeren Durchführung klassen- und schulübergreifender Lernstandserhebungen (z.B. Klassencockpit oder épreuves cantonales de référence). Zusätzlich sind die (geplanten) regelmäßig durchzuführenden Leistungsüberprüfungen der Grundkompetenzen im Zuge der Harmonisierung der Volksschule (HarmoS) zu erwähnen (institutioneller Akteur: EDK) oder die international vergleichenden Leistungsüberprüfungen wie PISA (institutioneller Akteur: OECD), auch wenn diese nach ihren Zielsetzungen nicht zur Selektion von Schülerinnen und Schülern und Lehrpersonen eingesetzt werden sollen.

Im Übergang von der öffentlichen Volksschule am Ende der Sekundarstufe I zum Berufsausbildungssystem zeigt sich eine andere Entwicklung. So können in diesem Bereich Ausbildungsplätze in vielen Berufen einzig dann erhalten werden, wenn die Ergebnisse des «Multichecks» zufriedenstellend waren. Im Gegensatz zu den oben beschriebenen Entwicklungen ist der Multicheck aber kein Test, der von Akteuren des öffentlichen Bildungswesens durchgeführt und verantwortet wird, sondern er wird von privaten Anbietern auf Initiative von Wirtschaft und Gewerbe entwickelt und verantwortet (wobei die inhaltliche Kongruenz zu den Lehrzielen auf der Sekundarstufe I in den einzelnen Kantonen nur teilweise gegeben ist). Dieser Multicheck ist zudem nicht gratis, sondern muss von den Schülerinnen und Schülern bzw. den Eltern bezahlt werden. Dies führt zu finanziellen Belastungen, die nicht von allen Familien gleichermaßen getragen werden können und die den Grundgedanken, dass im Bildungswesen bis zum Ende der Sekundarstufe II keine Schulgebühren anfallen sollen, konterkarieren.

c. Erweiterung und Neugewichtung der Beurteilungsnormen

Eine weitere Entwicklung, die mit der oben beschriebenen mehr oder weniger parallel verläuft, kann in den letzten Jahren beobachtet werden, nämlich die Erweiterung und Neugewichtung der Beurteilungsnormen. Hintergrund dieser Entwicklungen sind die Ergebnisse verschiedener Analysen, die darauf hinweisen, dass die Notengebung innerhalb der einzelnen Klassen nicht klassen- oder schulübergreifend vergleichbar ist. Noten sind somit nur bedingt geeignet, die Kompetenzen der Schülerinnen und Schüler klassen- und schulübergreifend valide einzuschätzen.

Aus diesem Grund wurden in der konkreten Unterrichtspraxis zunehmend Beurteilungsprozesse und -systeme implementiert, die nicht nur die Stärken und Schwächen der Schülerinnen und Schüler im individuellen oder sozialen Vergleich innerhalb der Klasse identifizieren, sondern über den Einbezug einer klassenübergreifenden Leistungseinschätzung den *sozialen Bezugsrahmen der Leistungsbeur-*

teilung und in der Folge die Basis für den Selektionsentscheid erweitern sollen. Sobald Schülerinnen und Schüler mehrerer Klassen oder Schulen die gleiche Prüfung schreiben, wird es möglich, ihre Kompetenzen nicht nur im Vergleich zu den eigenen Klassenkameraden und -kameradinnen zu beurteilen, sondern unabhängig von der mehr oder weniger zufälligen Klassenzusammensetzung einzuschätzen – und zwar im Vergleich zu den Klassen der eigenen Schule, des Kantons, der Sprachregion, der Schweiz oder der OECD (vgl. hierzu die Aufnahmeprüfungen für das Gymnasium des Kantons Zürich).

Zum andern sollen neben der vergrößerten sozialen Bezugsnorm in stärkerem Maße auch Leistungsüberprüfungen auf der *Basis eines kritialen Bezugsrahmens* erfolgen. Dabei werden die Leistungen der Schülerinnen und Schüler unabhängig von der leistungsbezogenen Zusammensetzung in der Klasse anhand eines theoretisch und/oder empirisch bestimmten Maßstabs beurteilt. Ob der daraus resultierende Klassenschnitt ungenügend oder hervorragend ist, spielt dabei keine Rolle. Der Vorteil dieser Verfahren liegt darin, dass sich die Leistungsbeurteilung stärker an Kompetenzen der Schülerinnen und Schüler orientiert. Gekoppelt mit einer klassenübergreifenden Durchführung und Bestimmung des genügenden oder ungenügenden Kompetenzniveaus können diese Verfahren die Reliabilität des Beurteilungs- und in der Folge des Selektionsentscheides erhöhen (allerdings nur, wenn diese Tests «qualitativ gut»[9] sind). Als Beispiel sei hier u.a. auf das Übertrittsystem im Kanton Freiburg verwiesen (Baeriswyl et al. 2006), bei dem die Grundlage des Selektionsentscheids (bislang Einschätzungen der Lehrpersonen auf der Basis von Prüfungen in der Klasse und Elternwünsche) um einen entsprechenden Leistungstest erweitert wird. Da er schulextern erstellt und ausgewertet wird, wird seine Beurteilung nicht von der sozialen Zusammensetzung der Klassen, verschiedenen Beurteilungsbias der Lehrpersonen oder Differenzierungspraktiken in den einzelnen Klassen und Schulen beeinflusst (siehe hierzu die bereits seit langer Zeit geführte Debatte um die Problematik der Beurteilung von Leistungen, u.a. Beutel und Vollstädt 2000; Ingenkamp 1971; Sacher 1994). Die Ergebnisse verweisen sodann darauf, dass der Einfluss des sozioökonomischen Hintergrundes der Familien im Vergleich zum alten Verfahren, das keinen Leistungstest einsetzte, reduziert (aber nicht aufgehoben) worden ist.

Auch der bereits oben erwähnte Multicheck ist als Reaktion auf die nur geringe klassen-, schul- und kantonsübergreifende Vergleichbarkeit der Noten der Schülerinnen und Schüler am Ende der Sekundarstufe I zu verstehen. Anschei-

---

9 Die Qualität einer Prüfung misst sich daran, inwiefern sie objektiv, reliabel und valide ist, wobei insbesondere auch die curriculare Validität von großer Bedeutung ist.

nend haben Lehrbetriebe das Bedürfnis, die Auswahl ihrer Lehrlinge und Lehrtöchter auf der Basis der schulischen Leistungen zu fällen, trauen aber den Noten in den Abschlusszeugnissen nicht oder zu wenig. Mit dem Ergebnis des Multichecks scheinen sie ein vertrauensvolleres Maß der Leistungen der Schülerinnen und Schüler, unabhängig von der Klassenzusammensetzung oder der Beurteilungspraxis der Lehrpersonen, zu bekommen.

3 Zentrale Herausforderungen

Nachfolgend wird auf zentrale Herausforderungen eingegangen, die sich aktuell angesichts der oben beschriebenen Aspekte und Entwicklungen im föderalistisch organisierten Bildungssystem der Schweiz im Zusammenhang mit der Konzipierung und Durchführung von Übergangs- und Selektionsentscheiden ergeben. Die Auseinandersetzung bleibt dabei notgedrungen auf einzelne Punkte beschränkt. Des Weiteren interessieren nachfolgend vor allem Herausforderungen, die im Zusammenhang mit der Beurteilung der Leistungen von Schülerinnen und Schülern entstehen. Problematiken, die sich aus Beurteilungs- und Selektionsprozessen von Lehrpersonen oder Institutionen ergeben, werden nicht weiter diskutiert.

a. Beurteilungs- und Selektionsprozesse sind fehleranfällig

Beurteilungs- und Selektionsprozesse sind grundsätzlich mit Problemen behaftet. Wenn beispielsweise am Ende der Primarschule die Schülerinnen und Schüler den drei oder vier Leistungsschulformen auf der Sekundarstufe I zugewiesen werden, erfolgt dies keinesfalls auf zufriedenstellende Weise. Vielmehr überschneiden sich die Leistungen der verschiedenen Schülergruppen deutlich, obwohl sie sich eigentlich klar unterscheiden sollten (Zahner Rossier 2004): Ein relativ großer Teil der Schülerinnen und Schüler, die auf der Sekundarstufe I die Sekundarschule mit den grundlegenden oder erweiterten Ansprüchen besucht haben, weisen vergleichbare oder sogar bessere Leistungen auf als die Schülerinnen und Schüler, die das Gymnasium besuchen.

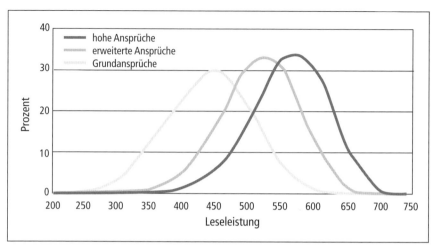

Abbildung 1: Leseleistung nach Anspruchsniveau des Schultyps, PISA 2003, Schweiz (Zahner Rossier 2004)

Schülerinnen und Schüler mit gleichem Leistungsniveau finden sich somit in allen drei Schulformen, wobei weitere Analysen zeigen, dass in der Sekundarschulform mit den grundlegenden Ansprüchen überproportional häufig männliche Jugendliche, solche mit Migrationshintergrund oder aus Familien mit einem geringen familiären Bildungshintergrund vorzufinden sind, das Gymnasium hingegen besonders häufig von Mädchen und Schülerinnen und Schülern aus bildungsnahen Familien besucht wird. Dies ist angesichts der unterschiedlichen Möglichkeiten, die die einzelnen Schulformen für die weitere berufliche Laufbahn bereitstellen, nicht nur für die einzelnen Schülerinnen und Schüler, sondern auch aus gesellschaftlicher Sicht problematisch. Denn das Potenzial der nicht «korrekt» platzierten Schülerinnen und Schüler kann angesichts der unterschiedlichen Lernumgebungen in den einzelnen Schulformen nicht ausgeschöpft werden.

Die Ergebnisse dieser Studien könnten hinsichtlich ihrer Validität für die Übertrittsthematik angezweifelt werden, da Lehrpersonen beim Übertrittsentscheid mehr als sprachliche oder mathematische Leistungen berücksichtigen müssen. Die umfangreiche Literatur zur Beurteilungspraxis von Lehrpersonen lässt aber vermuten, dass die deutlichen Leistungsüberschneidungen zwischen den Schulformen nicht einzig durch einen in diesen Studien nicht berücksichtigten breiteren Leistungskanon erklärt werden können. Sondern es fließen in die Beurteilung der Leistungen auch leistungsfremde Merkmale wie Migrationshintergrund oder familiärer Bildungshintergrund hinein. Zudem zeigen verschiedene Studien, dass die Beurteilungs- und Selektionsentscheide durch institutionelle und schulische Handlungspraktiken mitbeeinflusst werden. Die ungleiche Verteilung der Schülerinnen und Schüler in den verschiedenen Schultypen lässt sich zwar teilweise durch unterschiedliche Bildungsaspirationen und Bildungsentscheide der Eltern in Bezug auf die Schullaufbahn der Kinder (Boudon 1974) oder unterschiedliches Kapital der Familien (Bourdieu und Passeron 1971) erklären, doch die ungleiche Beurteilungs- und Selektionspraxis ist somit auch «hausgemacht» (Ditton und Krüsken 2006; Gomolla 2005; Gomolla und Radtke 2009; Kronig 2007; Neuenschwander 2009).

Insgesamt zeigen diese Befunde, dass der Bildungserfolg der Schülerinnen und Schüler in der Schweiz nicht einzig von den Qualifikationen abhängt, wie dies von den Kantonen gewünscht wird, sondern dass individuelle Faktoren wie familiärer Bildungshintergrund, Geschlecht oder Migrationshintergrund den Beurteilungs- und Selektionsentscheid maßgeblich beeinflussen.

Dies bedeutet, dass es notwendig ist, Maßnahmen zur Verbesserung der Genauigkeit und Zuverlässigkeit der Beurteilungs- und Selektionsentscheide zu entwickeln, da es sich eine Gesellschaft nicht leisten kann, Fehlentscheide mit so großer Reichweite zu akzeptieren und mitzutragen. Somit müsste das System der Beurteilungs- und Selektionspraxis auf nationaler, kantonaler, schulischer und unterrichtlicher Ebene kritisch analysiert und Professionalisierungsmaßnahmen und Beurteilungskriterien entwickelt werden, um die Qualität der Entscheide zu steigern.

b. Selektivität des Bildungswesens vergrößert Bildungsungleichheit

Eine zentrale Herausforderung in der Gestaltung des Bildungswesens ergibt sich daraus, dass es hoch differenziert ist und zahlreiche Übergänge enthält. Bildungsentscheide sind stark vom sozioökonomischen und kulturellen Hintergrund der Familien und von der institutionalisierten schulischen Praxis von Förderung, Beurteilung und Selektion beeinflusst. Daher vergrößert sich mit jedem Entscheid, der im Laufe der Schullaufbahn gefällt werden muss (von einer Schulstufe/Schulform zur anderen; von der Primarstufe zur Sekundarstufe I zur Sekundarstufe II zur Tertiärstufe etc.), die Schere zwischen Schülerinnen und Schülern aus bildungsfernen und bildungsnahen Familien. Dies zeigt sich nicht nur in der Schweiz, sondern wird von internationalen Befunden bestätigt (OECD, 2013).

Ein zentraler Diskussionsgegenstand kann beispielsweise auf der Sekundarstufe I lokalisiert werden. Die Frage, ob diese eher als Gesamtschulsystem (gemeinsame Beschulung der Kinder unabhängig von ihrem Leistungsniveau bis zum Ende der obligatorischen Schulzeit oder noch länger) oder aber als hochgradig gegliedertes Bildungssystem mit Unterscheidung zwischen Sekundarschule A, B, C, Gymnasium und Sonderschulung strukturiert werden soll, hat in der Schweiz in den 1980er- und 1990er-Jahren zu politischen Grabenkämpfen geführt, die eine sachliche Analyse zunehmend behinderten.

Empirische Befunde weisen aber nach, dass der Bildungserfolg vom sozioökonomischen Hintergrund der Schülerinnen und Schüler umso stärker abhängig ist, je stärker eine solche Segmentierung vorhanden ist. Zudem lassen sich stärkere negative Effekte auf den Bildungserfolg der Schülerinnen und Schüler feststellen, je früher die entsprechenden Selektionsentscheide gefällt werden (OECD 2013). Die Langzeit-Befunde von Fend (2009), der zu den bedeutendsten Forschern zu diesen Fragen zählt und Bildungsverläufe von der Sekundarstufe I bis ins 45. Lebensjahr untersucht hat, bestätigen, dass es möglich ist, diese «sekundären Herkunftseffekte» (Boudon 1974) zu reduzieren. In Bildungssystemen, die integral strukturiert sind, ist der Bildungserfolg der Schülerinnen und Schüler weniger stark durch leistungsfremde Merkmale beeinflusst. Allerdings zeigen die Längsschnittbefunde von Fend auch, dass das Bildungswesen zwar bei stärkerer integraler Struktur in der Lage ist, die Chancengleichheit zu vergrößern, aber im anschließenden beruflichen Ausbildungssystem und in der beruflichen Arbeit die Leistungsdifferenzen wieder vergrößert werden (Brühlwiler et al. 2014; Imdorf 2011).

Wenn die Frage der Selektivität eines Bildungswesens diskutiert wird, muss also nicht nur die öffentliche und verpflichtende Schulbildung in den Blick genommen werden, sondern auch die anschließende Ausbildung auf der Sekundarstufe II und der Tertiärstufe. Dabei muss geklärt werden, wie viel Differenzierung mit welchen Übertrittsmechanismen und -prozessen sinnvoll ist und zu welchem Zeitpunkt in der Bildungslaufbahn der Schülerinnen und Schüler diese Differenzierung realisiert werden soll. Ziel müsste es sein, den unterschiedlichen Interessen der Schülerinnen und Schüler, Auszubildenden und Erwachsenen so weit wie möglich gerecht zu werden, ohne dass gleichzeitig die Chancen auf Bildungserfolg, die einzelne Gruppen von Interessierten haben, systematisch reduziert werden, da sie über geringere Möglichkeiten verfügen, die unterschiedlichen Angebote zu nutzen. Während in Deutschland diese Debatte wieder aufgenommen wurde, steht das Thema in der Schweiz nicht auf der politischen Agenda. Auch im Großprojekt «HarmoS» wird die Frage der Selektivität des Bildungswesens auf der Sekundarstufe I nicht angesprochen. Ein hoch differenziertes Bildungswesen, wie es in vielen Kantonen der Schweiz vorhanden ist, ist aber keine geeignete Struktur, das Ziel der Bildungsgerechtigkeit zu erreichen.

c. Ein hoch ausdifferenziertes Bildungssystem, das nicht genutzt wird

Nun kann argumentiert werden, dass ein solch hoch differenziertes Bildungswesen mit verschiedenen Möglichkeiten, Bildungsabschlüsse auch auf dem zweiten oder dritten Bildungsweg nachzuholen, die Chancen jener Schülerinnen und Schüler erhöht, die es aus unterschiedlichen Gründen nicht geschafft haben, entsprechend ihren Leistungen bestimmte Bildungsabschlüsse auf dem ersten Bildungsweg zu erreichen. Dies ist zwar insofern überzeugend, als somit ein bestimmter Bildungsabschluss nicht nur über einen Weg zu einem bestimmten Zeitpunkt erreicht werden kann, sondern auch über Umwege und später im Leben. Wie bereits erwähnt, ist das zwar in der Theorie eine interessante und sicherlich begrüßenswerte Lösung. Angesichts der Tatsache, dass dieses vielfältige Angebot kaum genutzt wird (z. B. Schmid und Gonon 2011), und der Erkenntnis, dass diejenigen, die diese Umwege erfolgreich nutzen, wiederum vor allem aus bildungsnahen Familien stammen, trägt dieses System aber kaum zur Bildungsgerechtigkeit bei. Die Frage ist, warum ein an sich interessantes Modell nicht funktioniert. Mehrere Problemstellen können hier identifiziert werden:

- Unterschiedliche Schulformen und Schultypen orientieren sich an einem unterschiedlichen Lehrplan und stellen «differenzielle Entwicklungsmilieus» dar (Baumert et al. 2000). Der Wechsel von einem weniger anspruchsvollen in einen anspruchsvolleren Schultyp bedingt somit immer auch eine besondere Anstrengung der Schülerin oder des Schülers (beispielsweise um in außerschulischen Kursen oder Unterstützungen Inhalte des anspruchsvolleren Bildungsganges, die im weniger anspruchsvollen Bildungsgang nicht unterrichtet wurden, nachzuholen). Dies ist nicht nur zeit-, sondern auch kostenintensiv und schlägt sich meist im «Verlust» eines Schuljahres nieder, auch wenn dies formal nicht vorgesehen ist (vgl. das entsprechende System auf Sekundarstufe I im Kanton Zürich: http://www.vsa.zh.ch/internet/bildungsdirektion/vsa/de/schulstufen_schulen/schulstufen/sekundar_i.html [4.4.2016]). In der Realität sind die Differenzen zwischen den verschiedenen Bildungsangeboten meist zu groß, als dass der Sprung in eine anspruchsvollere Ausbildung problemlos gelingen könnte. Dies ist selbst dann der Fall, wenn jemand nicht die gesamte Abteilung (Sek. B ➔ Sek. A) wechseln möchte, sondern nur eine Anforderungsstufe (Anforderungsstufe II ➔ Anforderungsstufe I).
- Die verschiedenen «Wege nach Rom» bzw. Möglichkeiten, einen bestimmten Bildungsabschluss auf dem zweiten oder dritten Bildungsweg zu erreichen, sind komplex und bedingen vertiefte Kenntnisse über die Struktur und den Aufbau des Bildungswesens. Dieses Wissen ist nicht für alle gleichermaßen zugänglich.
- Einen Bildungsabschluss auf dem zweiten oder dritten Bildungsweg nachzuholen, ist kostenintensiv. Meist sind diese Bildungsangebote nicht gratis wie die Volksschule oder die Bildungsangebote auf dem ersten Bildungsweg. Da sie natürlich auch zeitintensiv sind, kann eine berufsbegleitende Zweitausbil-

dung meist nur dann realisiert werden, wenn der Anstellungsgrad reduziert wird, was wiederum mit Kosten verbunden ist, oder wenn aufgrund familiärer Unterstützung auf eine berufliche Tätigkeit währenddessen verzichtet werden kann. Dass nicht alle diese Möglichkeiten gleichermaßen haben, ist offensichtlich.

- Die Ansprüche an zweite Ausbildungswege unterscheiden sich von jenen auf dem ersten Ausbildungsgrad deutlich. So ist beispielsweise die eidgenössische Maturität auf dem zweiten Bildungsweg sehr viel anspruchsvoller als auf dem ersten Bildungsweg, da weder Vornoten bei den Maturitätsprüfungen für die Gesamtnote zählen noch eine «Hausmatur» absolviert werden kann. Der zweite Bildungsweg ist somit zwar ein gut gemeintes Angebot für «Spätzünder», aber im Grunde genommen eine Strafe dafür, dass ein Bildungsabschluss auf dem «Königsweg» nicht erfolgreich gemeistert werden konnte.

Diese verschiedenen Punkte führen zur Notwendigkeit, die Struktur, Prozesse und Inhalte der Übergänge zu überprüfen und insbesondere die Anforderungen mit jenen auf dem ersten Bildungsweg vergleichbar zu machen. Falls ein hoch differenzierter Bildungsweg mit einem vielfältigen Angebot für Zweit- und Mehrfachausbildungen bereitgestellt wird, ist dies nur dann tatsächlich für die Ausbildung des oder der Einzelnen und somit auch für die Gesellschaft ein Gewinn, wenn Erstausbildungen und die weiteren Ausbildungen gleichwertige Anforderungen haben.

d. Föderalistisch organisiertes Bildungswesen zwischen Standardisierung/Harmonisierung und (Teil-)Autonomie

Ein föderalistisch organisiertes Bildungswesen, das nur subsidiär Steuerungs- und Gestaltungsrechte auf nationaler Ebene gegenüber kantonalen Bildungspolitiken vorsieht (Artikel 61a der Bundesverfassung), ist eine große Herausforderung, wenn im Zusammenhang mit Übertritts- und Selektionsentscheiden Bildungsgerechtigkeit erreicht werden soll.

Zum einen sind es *gewünschte* Differenzen zwischen den Ausbildungssystemen, die für die regionsspezifische Ausgestaltung des Bildungswesens und die Nähe des Bildungswesens zu lokalen Gegebenheiten wichtig sind. Dezentralisierung und Autonomie sind hier die wesentlichen Konzepte. Zum anderen sind es aber *nicht gewünschte* Differenzen, wenn sie in Kontrast stehen zu den Anforderungen an ein Bildungswesen eines demokratischen, an Meritokratie orientierten Staates, das allen Schülerinnen und Schülern unabhängig von ihrem Geschlecht, ihrem familiären und kulturellen Hintergrund etc. vergleichbaren Bildungserfolg ermöglichen soll.

Die in den letzten Jahren durchgeführten Studien geben Hinweise auf teilweise deutliche Unterschiede zwischen den Kantonen. Diese lassen vermuten, dass die Chance, Bildungserfolg zu erzielen, in der Schweiz nicht unabhängig von der Kantons- oder Sprachzugehörigkeit ist. Sie zeigen sich beispielsweise
- in den Beurteilungs- und Selektionssystemen: Wie und anhand welcher Kriterien (z. B. Fächer) werden die Leistungen der Schülerinnen und Schüler beurteilt und Selektionsentscheide vorgenommen (SKBF 2014)?
- bei den Aufnahmequoten in weiterführende Schulformen (z. B. Gymnasium) (Eberle und Brüggenbrock 2013; Eberle et al. 2008) oder der Zuweisung der Schülerinnen und Schüler zu Sonderschulen oder sonderpädagogischen Förderangeboten (Kronig 2007),
- bei dem Übertritt von der Sekundarstufe I in eine Ausbildung auf der Sekundarstufe II (Keller 2014),
- im Leistungsniveau am Ende der Schullaufbahn (Eberle et al. 2008; Konsortium PISA.ch 2014) und der Abhängigkeit des Bildungserfolgs vom sozioökonomischen Hintergrund (Felouzis und Charmillot 2013; Felouzis und Goastellec 2015).

Somit kann gesagt werden, dass der Bildungserfolg der Schülerinnen und Schüler in der Schweiz nicht nur durch individuelle Faktoren und Beurteilungsprozesse von Lehrpersonen beeinflusst wird, sondern auch von der Sprachregion oder dem Kanton abhängt.

Bedeutet Föderalismus Kantonsautonomie und Dezentralisierung, so heißt angesichts der identifizierten Differenzen die Gegenposition «Standardisierung» oder «Harmonisierung». So könnte eine gewisse Standardisierung der Rahmenbedingungen und Prozesse zur Realisierung von Übertritts- und Selektionsentscheiden formal gerechter sein. Allerdings ist die aktuelle Befundlage keinesfalls überzeugend, wenn die Frage betrachtet wird, welche Effekte die Standardisierung von Abschlussprüfungen hat und welche Veränderungen in der schulischen Praxis damit zusammenhängen. Neben intendierten Effekten impliziert eine Standardisierung immer auch Veränderungen in der Praxis, die kaum wünschbar sind (so z. B. eine stärkere Einschränkung auf Prüfungsinhalte im Unterricht) (Maag Merki 2016). Zudem bedeutet jedes gemeinsame Verständigen auf Bildungsangebote, auf Strukturen, auf Bildungsziele oder auf schulische Bildungsprozesse einen Einschnitt in die Autonomie der Kantone und der beteiligten Akteure. Außerdem ist ein weiterer gewichtiger Punkt zu berücksichtigen: Übertritts- und Selektionsentscheide sind «von Menschen gemacht» – nicht also nur die Strukturen und Vorgaben, sondern das konkrete Handeln der Akteure in der konkreten Praxis, die «Rekontextualisierung» (Fend 2008) dieser Vorgaben in der konkreten Praxis, beeinflusst bedeutend die Qualität des Übertritts- und Selektionsentscheides. Im Wissen darum ist die Profession auf Gestaltungs- und Umsetzungsautonomie angewiesen.

Neben der föderalistischen Tradition gibt es somit gewichtige Gründe, nicht einzig in Richtung Standardisierung und Harmonisierung zu gehen. Vielmehr kann der Entscheid, wie in einem föderalistisch organisierten Bildungswesen Übertritts- und Selektionsprozesse geregelt und umgesetzt werden sollen, nur im Abwägen der Vor- und Nachteile von Standardisierung und Autonomie erfolgen.

4 Fazit

Zusammengefasst zeigt sich somit für die Schweiz das folgende Bild: Ein hoch ausdifferenziertes Bildungswesen mit feingegliederten Möglichkeiten für horizontale und vertikale Mobilität führt zu einer großen Anzahl an Beurteilungs- und Selektionsverfahren. Da Selektion auf Beurteilung angewiesen ist, Beurteilungssysteme aber nur Annäherungssysteme für die Identifikation der konkreten Fähigkeiten sind, bleibt die Zulassung oder Abweisung von Schülerinnen und Schülern oder Auszubildenden für eine anspruchsvollere Schulform immer fehlerbehaftet. Zusätzlich führen «sekundäre Herkunftseffekte» (Boudon 1974) oder schulinterne Differenzierungsprozesse zu einer ungleichen Bewertung der Leistungen der Schülerinnen und Schüler, die stark durch leistungsfremde Merkmale mitbeeinflusst ist. Ein hochgradig ausdifferenziertes Bildungswesen ist somit ein Einfallstor für Gerechtigkeitsprobleme, da nicht, wie in einem meritokratischen Bildungswesen gewünscht, nur Leistung an sich zählt, sondern Leistung zusammen mit Merkmalen, die in die Beurteilung eigentlich nicht einfließen dürften.

Falls die Gesellschaft somit entscheidet, ein hoch differenziertes Bildungswesen anzubieten, so ist zu klären, inwiefern Erst-, Zweit- oder Drittausbildungen gleichwertig den Zugang zu bestimmten Qualifikationen und Zertifikaten eröffnen. Die aktuelle Situation zeigt, dass dies nicht der Fall ist. Qualifikationen und Zertifikate über verschiedene Wege zu erreichen, ist grundsätzlich positiv und vergrößert das Potenzial für Chancengleichheit. Da die verschiedenen Wege aber mit unterschiedlichen Anforderungen und Kosten etc. verbunden sind und die verschiedenen Umwegmöglichkeiten nicht für alle gleichermaßen zugänglich sind, verringert dieses Bildungssystem die Chancengleichheit, statt sie zu vergrößern.

Wenn tatsächlich Chancengleichheit oder Bildungsgerechtigkeit das Ziel ist – was letztlich eine normative Frage ist, aber gemäß EDK positiv beantwortet werden kann – und wenn Schülerinnen und Schülern, Auszubildenden oder ganz einfach Menschen bei gleichen individuellen Leistungen, einem vergleichbaren

Bildungsangebot und vergleichbaren Anforderungen bzw. «Hürden» die gleichen Bildungswege offenstehen und sie vergleichbare Entscheidungen treffen können, dann gibt es folgenden Handlungsbedarf:

a. Keine Differenzierung oder Reduktion der Differenzierungen zumindest in der öffentlichen Schule.

b. Falls eine Differenzierung vorgenommen wird, müssten diese Selektionsentscheide möglichst spät in der Schullaufbahn der Schülerinnen und Schüler erfolgen, wobei gleichzeitig Angebote innerhalb des öffentlichen Bildungswesens bereitgestellt werden müssten, Bildungsabschlüsse später – allerdings mit gleichen Anforderungen – nachholen zu können.

c. Wenn Selektionsentscheide erfolgen, dann braucht es eine Überprüfung der Vorgaben und Reglemente auf Kantons-, Schul- und Unterrichtsebene sowie eine größere klassen- und schulübergreifende Vergleichbarkeit der Anforderungen und Beurteilungskriterien. Besonders relevant sind hier Strategien der Professionalisierung der Diagnose- und Beurteilungsfähigkeit der Lehrpersonen und Strategien der Harmonisierung innerhalb und zwischen den Schulen, bei denen die Lehrpersonen als zentrale Akteure in die Konzipierung und Realisierung miteinbezogen sind.

d. Eine Standardisierung des Beurteilungsprozesses im Sinne standardisierter Prüfungen zwischen Schulen und Kantonen ist nur dann eine Lösung, wenn hierzu ein klares «low-stake»-System (ohne Ranking, Sanktionen, sondern förderorientiert) mit transparenten Kriterien und Prozessen implementiert wird, damit nicht intendierte Effekte möglichst reduziert werden (Maag Merki 2016). Im Zentrum steht der Modus «assessment for learning» und nicht der Modus «assessment of learning» (Birenbaum et al. 2006).

Insgesamt zeigen die bisherigen empirischen Befunde aber auch, dass Erfolg im Bildungswesen von verschiedenen Faktoren abhängt. Eine Verbesserung der Qualität der Übertritts- und Selektionsverfahren, der entsprechenden Gesamtstruktur im Mehrebenensystem sowie letztlich der Chancengleichheit in der Schweiz kann somit nicht allein über die Veränderung einzelner Strukturen oder Handlungen erreicht werden, sondern bedingt eine integrale Perspektive im Mehrebenensystem.

Quellen

EDK (2016; 4.4.2016). Bildungssystem Schweiz.
http://www.edk.ch/dyn/14798.php [4.7.2016].
Multicheck (4.4.2016) http://www.multicheck.org/de/ [4.7.2016].
Volksschulamt Zürich (2016; 4.4.2016). Sekundarstufe I. www.vsa.zh.ch/Internet/bildungsdirektion/vsa/de/schulstufen_schulen/schulstufen/sekundar_i.html [4.7.2016].

Literatur

Baeriswyl, Franz et al. (2006). Leistungstest, Offenheit von Bildungsgängen und obligatorische Beratung der Eltern. Reduziert das Deutschfreiburger Übergangsmodell die Effekte des sozialen Hintergrunds bei Übergangsentscheidungen? (373–392). Zeitschrift für Erziehungswissenschaft, 9(3).

Baumert, Jürgen et al. (2000). Schulformen als differentielle Entwicklungsmilieus – Eine ungehörige Fragestellung? (28–68). In: Bildungs- und Förderwerk der Gewerkschaft Erziehung und Wissenschaft im DGB (Hrsg.). Messung sozialer Motivation – eine Kontroverse. Frankfurt a. M.: GEW.

Becker, Rolf/Lauterbach, Wolfgang (2007). Bildung als Privileg – Ursachen, Mechanismen, Prozesse und Wirkungen (9–42). In: Becker, Rolf/Lauterbach, Wolfgang (Hrsg.). Bildung als Privileg. Erklärungen und Befunde zu den Ursachen der Bildungsungleichheit. 2., aktualisierte Auflage. Wiesbaden: VS Verlag für Sozialwissenschaften.

Beutel, Silvia I./Vollstädt, Witlof (2000). Leistung ermitteln und bewerten. Hamburg: Bergmann + Helbig Verlag.

Bildungsraum Nordwestschweiz (2012). Checks und Aufgabensammlung im Bildungsraum Nordwestschweiz: Porträt. Aarau, Liestal, Basel-Stadt, Solothurn: Bildungsraum Nordwestschweiz.

Birenbaum, Menucha et al. (2006). A Learning Integrated Assessment System (61–67). Position Paper Educational Research Review, 1.

Boudon, Raymond (1974). Education, opportunity, and social inequality: Changing prospects in Western society. New York: Wiley.

Bourdieu, Pierre/Passeron, Jean-Claude (1971). Die Illusion der Chancengleichheit. Stuttgart.

Brühlwiler, Christian et al. (2014). Bildungswege im Anschluss an die obligatorische Schulzeit (59–67). In: Konsortium PISA.ch (Hrsg.). PISA 2012: Vertiefende Analysen. Bern, Neuchâtel: SBFI/EDK und Konsortium PISA.ch.

Ditton, Hartmut/Krüsken, Jan (2006). Der Übergang von der Grundschule in die Sekundarstufe I. (348–372). Zeitschrift für Erziehungswissenschaft, 9(3).

Eberle, Franz/Brüggenbrock, Christel (2013). Bildung am Gymnasium. Bern: Schweizerische Konferenz der kantonalen Erziehungsdirektoren.

Eberle, Franz et al. (2008). Evaluation der Maturitätsreform 1995 (EVAMAR). Phase II. Im Auftrag der Schweizerischen Konferenz der Kantonalen Erziehungsdirektoren EDK und des Staatssekretariats für Bildung und Forschung SBF. Bern: EDI, SBF.

Engelage, Sonja/Hadjar, Andreas (2008). Promotion und Karriere – Lohnt es sich zu promovieren? Eine Analyse der Schweizerischen Absolventenstudie (71–93). In: Swiss Journal of Sociology, 34(1).

Felouzis, Georges/Charmillot, Samuel (2013). School tracking and educational inequality: a comparison of 12 education systems in Switzerland (181–205). In: Comparative Education, 49(2).

Felouzis, Georges/Goastellec, Gaële (2015). Les inégalités scolaires en Suisse. Bern: Peter Lang.

Fend, Helmut (2008). Schule gestalten. Systemsteuerung, Schulentwicklung und Unterrichtsqualität. Wiesbaden: VS Verlag für Sozialwissenschaften.

Fend, Helmut (2009). Chancengleichheit im Lebenslauf – Kurz- und Langzeitwirkungen von Schulstrukturen (37–72). In: Fend, Helmut et al. (Hrsg.). Lebensverläufe, Lebensbewältigung, Lebensglück – Ergebnisse der LifE-Studie. Wiesbaden: VS Verlag für Sozialwissenschaften.

Giesinger, Johannes (2007). Was heißt Bildungsgerechtigkeit? (362–381). In: Zeitschrift für Pädagogik, 53(3).

Gomolla, Mechthild (2005). Schulentwicklung in der Einwanderungsgesellschaft. Strategien gegen institutionelle Diskriminierung in England, Deutschland und in der Schweiz. Münster: Waxmann.

Gomolla, Mechthild/Radtke, Franz-Olaf (2009). Institutionelle Diskriminierung. Die Herstellung ethnischer Differenz in der Schule, 3. Auflage. Wiesbaden: VS Verlag für Sozialwissenschaften.

Imdorf, Christian (2011). Wie Ausbildungsbetriebe soziale Ungleichheit reproduzieren: Der Ausschluss von Migrantenjugendlichen bei der Lehrlingsselektion (261–321). In: Heinz-Hermann et al. (Hrsg.), Bildungsungleichheit revisited. Bildung und soziale Ungleichheit vom Kindergarten bis zur Hochschule, 2., durchgesehene Auflage (Vol. Soziale Ungleichheit und Berufsbildung). Wiesbaden: VS Verlag für Sozialwissenschaften.

Ingenkamp, Karlheinz (Hrsg). (1971). Die Fragwürdigkeit der Zensurengebung. Weinheim: Beltz.

Keller, Florian (2014). Strukturelle Faktoren des Bildungserfolgs. Wie das Bildungssystem den Übertritt ins Berufsleben bestimmt. Wiesbaden: Springer VS.

Konsortium PISA.ch. (2014). PISA 2012: Vertiefende Analysen. Bern und Neuchâtel: SBFI/EDK und Konsortium PISA.ch.

Kronig, Winfried (2007). Die systematische Zufälligkeit des Bildungserfolgs. Bern: Haupt.

Maag Merki, Katharina (2016). Theoretische und empirische Analysen der Effektivität von Bildungsstandards, standardbezogenen Lernstandserhebungen und zentralen Abschlussprüfungen (151–182). In: Altrichter, Herbert/Maag Merki Katharina (Hrsg.). Handbuch Neue Steuerung im Schulsystem, 2., erweiterte Ausgabe. Wiesbaden: VS Verlag für Sozialwissenschaften.

Maaz, Kai et al. (2009). Genese sozialer Ungleichheit im institutionellen Kontext der Schule: Wo entsteht und vergrößert sich soziale Ungleichheit? (11–46). In: Zeitschrift für Erziehungswissenschaft, 12.

Mero, Romano (2013). EDK-Projekt «Gymnasiale Maturität langfristige Sicherung des prüfungsfreien Hochschulzugangs». Bericht zum Teilprojekt 2 «Unterstützungsangebote zum Gemeinsamen Prüfen». Bern: wbz cps.

Neuenschwander, Markus (2009). Systematisch benachteiligt? Ergebnisse einer Schweizer Studie zu Bildungssystem und Benachteiligung (36–39). In: Pädagogische Führung, 20(3).

OECD. (2013). PISA 2012 Results: What makes schools successful? Resources, policies and practices (Volume IV). Paris: PISA, OECD Publishing.

Sacher, Werner (1994). Prüfen – beurteilen – benoten: theoretische Grundlagen und praktische Hilfestellungen für den Primar- und Sekundarbereich. Bad Heilbrunn: Klinkhardt.

Scharenberg, Katja et al. (2014). Ausbildungsverläufe von der obligatorischen Schule ins junge Erwachsenenalter: Die ersten zehn Jahre. Ergebnisübersicht der Schweizer Längsschnittstudie TREE, Teil I. Basel: TREE.

Schmid, Evi/Gonon, Philipp (2011). Übergang in eine Tertiärausbildung nach einer Berufsausbildung in der Schweiz (1–17). In: Ebbinghaus, Margit (Hrsg.). bwp@Spezial 5 – Hochschultage Berufliche Bildung 2011, Kurzvorträge.

SKBF (2014). Bildungsbericht Schweiz 2014. Aarau: Schweizerische Koordinationsstelle für Bildungsforschung.

Zahner Rossier, Claudia (Hrsg.). (2004). PISA 2003: Kompetenzen für die Zukunft. Zweiter nationaler Bericht. Neuchâtel, Bern: BFS/EDK.

Rudolf Künzli und Karl Weber

Kontexte der Bildungsgovernance in der Schweiz

Der Wandel von Bildungssystemen erfolgt meist langsam und wenig spektakulär. Er vollzieht sich zum Teil als eigenständige, innere Entwicklung, in zunehmendem Maße jedoch auch unter dem Einfluss wachsender und sich pluralisierender Begehren aus dem gesellschaftlichen Umfeld. Eine Vielzahl von Interessengruppen aller Art tragen ihre partikulären Erwartungen an das Bildungswesen heran. Und die Lernenden beziehungsweise deren Familien konfrontieren es mit dem Anspruch, den persönlichen Gegebenheiten angepasste Laufbahnen in Aus- und Weiterbildung zu ermöglichen. Der durch solche Veränderungen erzeugte Reformdruck stellt die zuständigen Akteure in Bildung und Politik vor die Aufgabe, steuernd einzugreifen, um ein bereits stark differenziertes Bildungssystem mit den multiplen und teilweise widersprüchlichen Erwartungen seiner Nutzer einigermaßen in Einklang zu bringen. Die Reformen der letzten Jahre und Jahrzehnte verstehen sie denn auch als Antworten auf gesellschaftliche und individuelle Erwartungen. Dies gilt namentlich auch für jene Reformen, mit denen mit Blick auf Anpassungsbedarf Verantwortlichkeiten neu definiert und verteilt sowie Verfahren der Entscheidungsfindung umgestaltet worden sind – mit einem Wort, für Reformen im Bereich der Bildungsgovernance. Dabei vollzog sich deren Transformation zwar nach dem Muster der in der Vergangenheit erfolgreichen Reformpraxis in einzelnen Schritten. In ihrer Gesamtheit verbinden sich diese jedoch zu einer grundlegend veränderten Organisation der Kontrolle, Steuerung und Legitimation der Bildungseinrichtungen und ihrer Akteure – zu einem Regime, dessen Profil und dessen Perspektiven mehr und mehr erkennbar werden.

Vor dem Hintergrund der hier vorgelegten Studien wird versucht, einige große Linien dieses Wandels, ihre Hintergründe und Kontexte zu skizzieren. Dabei liegt das Augenmerk auf den Problemen und blinden Flecken der erkennbaren Strategien der Regulierungspraktiken. Die skizzierten Konturen des Wandels sind nicht nur für das schweizerische Bildungssystem charakteristisch. Wie zu zeigen sein wird, sind sie im Gegenteil in einen größeren internationalen Zusammenhang eingebettet.

1 Veränderte Konstellationen der Akteure – Bedeutungsverlust der Öffentlichkeit

Die staatliche Regulierung des Bildungsbereichs hat sich in den letzten Jahren deutlich verändert. Die Veränderungen betreffen zwar auch die Inhalte und Ziele, es sind aber vor allem die Strukturen und zum Teil auch die Prozesse, die neu formiert wurden.

Auf der Makroebene ist zunächst der Aufstieg der politiknahen Wissenschaften zu nennen. Er ist Ausdruck einer fortschreitenden Rationalisierung aller Lebenswelten, deren allgemeines Leitprinzip «Wissenschaftlichkeit» heißt. Wissenschaftler sind zunehmend praktisch engagierte Akteure in den administrativen und bildungspolitischen Steuerungsgremien geworden. Das gilt sowohl für die nationalen wie die kantonalen Steuerungsprozesse. In ihrer Wirksamkeit verstärkt wird diese Akteursgruppe durch transnationale Bildungsagenturen wie die OECD, die UNESCO oder die EU (Bologna- und Kopenhagen-Prozess), deren Einfluss auf das schweizerische Bildungssystem im Zuge der internationalen Ausrichtung der Bildungspolitik stetig angewachsen ist. Mit dem Aufstieg der Wissenschaft als Akteur ist eine abnehmende Bedeutung der auch politisch verfassten Öffentlichkeit bzw. der öffentlichen Meinungsbildung für die maßgeblichen Steuerungsprozesse verbunden. Man kann diesen Wandel auch als einen Prozess der Professionalisierung und Rationalisierung der Regierungspraktik im Bildungsbereich interpretieren. Sie erfordert und bewirkt zumal in der traditionell basisdemokratisch geprägten und mit Laiengremien operierenden schweizerischen Bildungspolitik und -administration einen substanziellen Mentalitätswandel im öffentlichen Umgang mit Bildungsfragen und -reformen.

Dieser «Rationalisierungsschub» charakterisiert auch den Wandel auf der Ebene der Kantone und ihrer Bildungseinrichtungen. Managementmethoden mit Leistungsvereinbarungen, Erfolgsindikatoren, Qualitätskontrollen und Personalführung haben sich in den Bildungseinrichtungen auf allen Ebenen durchgesetzt. Die strukturelle Trennung von operativer und strategischer Führung definiert hier zumindest theoretisch die autonomen Handlungsspielräume der Institutionen, die sich so – wenn auch meist auf Kosten der Autonomie der einzelnen Akteure innerhalb der Institutionen – erweitert haben. Sowohl sachlich wie personell erweitert hat sich dabei vor allem der administrative Regelungs- und Überprüfungsbedarf innerhalb der Einrichtungen. Die Folge dieses Strukturwandels im Management der Einrichtungen ist u. a. eine innere Bürokratisierung.

Als weiteres Element dieses Strukturwandels ist der Wettbewerb als regulierender Faktor mit in das neue Konzept staatlicher Regulierung im Bildungsbereich eingeführt oder doch angedacht worden. Er soll in einzelnen Bereichen öffentliche Kontrolle ersetzen. Allerdings stehen einer starken Ausbreitung und Wirkung dieser Innovation tradierte Überzeugungen und regionalpolitisches Interesse ebenso entgegen wie sachliche Grenzen. Man denke etwa an die starke lokale und regionale Verankerung und Orientierung der Fachhochschulen und der Pädagogischen Hochschulen. Man kann deshalb eher von Quasiwettbewerben sprechen. Verglichen mit andern Bildungssystemen ist das schweizerische nach wie vor ein staatlich eng reguliertes und kontrolliertes System.

2 Programmatik der Reformen zur Optimierung der Steuerung der Bildungsverwaltung und -politik

Im Zentrum der Reformen im Bildungsbereich stehen nicht so sehr die Erneuerung der Inhalte und der Lehr- und Lernprozesse selbst als vielmehr die der staatlichen Regulierungspraxis durch neue Formen und Instrumente. Das zeigt sich unter anderem an der Dominanz von steuerungsbezogenen Begriffen in den programmatischen Texten der Bildungsverwaltung, der Bildungspolitik und des Führungspersonals. Chiffren wie «Wettbewerb», «Leadership», «Effizienz», «Transparenz», «Vergleichbarkeit», «Standards», «Harmonisierung» verweisen auf die Triebfedern und die Mechanismen der Bildungsreformen der letzten 15 bis 20 Jahre. Alle diese Chiffren bezeichnen keine Ziele und Werte pädagogischer Prozesse; es geht hier nicht um Werte der Erziehung, der Bildung, des Lernens oder der individuellen Entwicklung, sondern um Werte der Organisation und der Steuerung. Das heißt nicht, dass sie ganz unwichtig wären für das, worum es in Bildungsprozessen selbst geht, um Lernen nämlich, um Erkenntnis, um Verstehen, um Suchen, Forschen, Entdecken, um Begegnung von Menschen, ihr Zusammenleben, um Entwicklung und Fortschritt und individuelles Glück. Im Vordergrund steht die Optimierung der Steuerungsleistungen von Bildungsadministration und Politik. Nur sehr indirekt und jedenfalls überwiegend rhetorisch geht es dabei auch um die Leistungen der Bildungseinrichtungen selbst.

Die «Bologna-Reform», die «geleiteten Schulen», das HarmoS-Konkordat, der Lehrplan 21, die Regeln über die Anerkennung der Lehrdiplome, die periodischen Bildungsberichte zielen darauf ab, die Bedingungen zu verbessern, unter denen das Bildungssystem seine Aufgaben erfüllen soll, und aufzuzeigen, wie es effizienter und zielgerichteter geführt werden kann. Obwohl es bei den angestrebten Reformen streng genommen nicht um eine Verbesserung der Qualität von Bildungsprozessen selbst geht, werden entsprechende Hoffnungen und Erwartungen geweckt und verkündet.

Unterstellt wird ein Wirkungszusammenhang zwischen den Regulierungsmaßnahmen und den beabsichtigten Optimierungen im Bildungsbereich. Für solche Annahmen indirekter Wirkung aber sind die Konzepte nicht präzise genug, die Ziel-Mittel-Relationen ungenügend geklärt.

Exemplarisch für solche ungeklärten Ziel-Mittel-Relationen kann etwa die Zielformulierung des SBFI für die Berufsbildung im Kopenhagen-Prozess stehen: «Der Kopenhagen-Prozess ist eine arbeitsmarktorientierte Strategie der EU zur Verbesserung der Leistungsfähigkeit, Qualität und Attraktivität der beruflichen Bildung. Dieses Ziel soll durch verstärkte internationale Zusammenarbeit in der beruflichen Bildung und durch erhöhte Vergleichbarkeit, Transparenz und Durchlässigkeit in der allgemeinen und beruflichen Bildung erreicht werden. Dadurch wird die Mobilität innerhalb und außerhalb der nationalen Grenzen gefördert» (SBFI 2015).

3 Personalisierung und Partikularisierung der Bildungsgovernance

Manches von dem, was im Zusammenhang mit der Modernisierung der Bildungsgovernance zurzeit verhandelt wird, erklärt sich mit einem Planungsoptimismus, dessen Wurzeln weit in die Kriegs- und frühe Nachkriegszeit zurückreichen (Bürgi 2015). Was in diesem Diskurs aus dem Blick zu geraten droht, sind die unmittelbaren, das heißt zunächst nicht durch den Staatsapparat vermittelten Wechselwirkungen zwischen dem Bildungswesen und dessen gesellschaftlichem Kontext. Den vielfältigen und oft auch widersprüchlichen Erwartungen der Individuen und kollektiven Akteure stehen die Angebote und Leistungen, aber auch der Eigensinn der Bildungsinstitution gegenüber. Letztere decken sich – zumal unter Bedingungen beschleunigten sozialen Wandels – nicht vollständig mit den Erwartungen der Akteure. Es ist diese Inkongruenz, auf die Steuerung reagieren muss, will sie nicht zu einem Selbstzweck entarten, der sich nicht um die konkreten gesellschaftlich relevanten Wirkungen von Bildung kümmert. Denn was es letztlich zu regulieren gilt, ist nicht ein von seinem Kontext abgelöstes Funktionssystem. Zu regulieren sind vielmehr die Routinen wie auch die Weiterentwicklung des Bildungswesens nach Maßgabe des Beitrages, den sie zur Bewältigung gesellschaftlicher Erfordernisse und zur Erfüllung individueller Erwartungen leisten. Bezugspunkt von Bildungsgovernance ist somit nicht einseitig das Bildungswesen, sondern vielmehr das Verhältnis und die Beziehungen zwischen diesem und seiner gesellschaftlichen Umwelt.

Dieses Verhältnis hat sich über die letzten Jahrzehnte hinweg deutlich verändert unter der Wirkung von «Kräften», die das Bildungswesen einerseits zu einer

«Personalisierung», anderseits zu einer «Partikularisierung» seines Angebots zu bewegen suchen (Rosenmund und Zulauf 2004). Die Erwartung an die Individuen, ihren je eigenen Bildungsweg aktiv zu gestalten, übersetzt sich in neue Ansprüche an die Institution. Und die Wahrnehmung von Bildung als Schlüsselressource für die Bearbeitung ökonomischer und sozialer Probleme unterschiedlichster Art weckt Begehrlichkeiten in Bezug auf deren Struktur, Angebot und Leistung. Diesen Tendenzen wurde bislang auf den verschiedenen Stufen des Bildungswesens in unterschiedlicher Art und Intensität stattgegeben – auf Hochschulstufe anders als auf Volksschulstufe oder in der Berufsbildung. In dem Maße jedoch, in dem sich die erwähnten «Kräfte» manifestieren, sind sie im Zusammenhang der Bildungsgovernance zentral in den Blick zu nehmen.

4   Ein reduktionistisches Bildungsverständnis

Im Lichte der «evidence based educational policy» sind Bildungspolitik und -verwaltung in den letzten Jahren statistisch und wissenschaftlich gestärkt worden. Das ist ebenso sehr eine Antwort auf eine wachsende Begründungs- und Rechenschaftspflicht der Akteure in den Bildungseinrichtungen selbst, wie diese umgekehrt durch den Ausbau der Bildungswissenschaften und der Statistik weiter verstärkt wird und wurde: Der Bedarf an Daten, Belegen, Evidenzen, Argumenten und Personal zu ihrer Beschaffung hat enorm zugenommen. «Facts and figures» gehören inzwischen zum unverzichtbaren Inventar der Selbstdarstellung aller großen und kleinen Bildungseinrichtungen im öffentlichen Raum. Dieser objektive und auch vernünftige Rationalitätsschub hat aber die Eigenschaft, dass er die Aufmerksamkeit auf das Vorzeigbare und das Messbare an unseren Bildungssystemen und seinen Prozessen richtet. Qualität und Qualitätsvergleiche in Bildungssystemen werden vorrangig abgestützt und abgesichert durch Feststellung sichtbarer und messbarer Effekte von Handlungen. Ob und in welchem Maße durch diese Veränderungen die Entscheidungen der Bildungspolitik rationaler geworden sind, lässt sich bislang nicht beurteilen, müsste aber in Zukunft genauer unter die Lupe genommen werden.

Die Zukunftsstudie «Governance in the 21st Century», die die OECD 2001 veröffentlichte, legt den programmatischen theoretischen Hintergrund der Bildungsreformpraxis in Europa frei, der auch die Regierungspraxis in der Schweiz prägt. In der Studie wird dieses Konzept als «enlightened pragmatism» (OECD 2001, 208) bezeichnet. Grundlage dieses pragmatischen und wissensbasierten Regierungshandelns ist die Ökonomik. Mit Ökonomik ist ein methodologischer Ökonomismus gemeint, der ökonomisches Denken in allen Bereichen menschlichen Handelns für sinnvoll und wesentlich hält. Marktförmigen Prozessen wird allgemein eine große Kraft zur Gestaltung gesellschaftlicher Ordnung, zur Allokation von Mitteln wie auch zur qualitätsgesicherten Leistungserbringung zugeschrieben. Zum Kern dieses Konzeptes gehört daher der Primat praktisch und politisch verwertbaren und nützlichen wissenschaftlichen Wissens. Als solches gilt in der Regel Wissen, das aus randomisiert kontrollierten Studien generiert wird, kausale Zusammenhänge sichtbar macht und in praktische Handlungen und Handlungspläne transformiert werden kann.

Die Dominanz dieses reduktionistischen Wissens- und Wissenschaftskonzeptes grenzt zum Beispiel professionelles Erfahrungswissen und hermeneutisch gewonnenes Fallverstehen aus. Es führt zu einem systematisch verengten Bildungsverständnis, denn um Bildungsleistungen empirisch komparativ zu erfassen und Leistungsprofile zu erstellen, muss es weitgehend dekontextualisiert werden. Nun gehören aber gerade soziale, kulturelle, personale und institutionelle, auch situativ rasch wechselnde Kontexte und deren erlebte individuelle Deutungen zu den bedeutsamen Faktoren in pädagogischen Interaktionen und Bildungsprozessen.

Die Konzentration auf das Sichtbare, Messbare und die vergleichbar gemachten Daten hat so im Bildungsbereich den gravierenden Nachteil, dass die empirische Erfassung des Kernbereichs von Bildungsprozessen weitgehend und systematisch ausgeblendet wird. In der Folge wird das, was bisher Kern pädagogischer Arbeit war, die persönliche Begegnung und der Dialog, die individuellen Antriebe und Hemmnisse, die singulären Ereignisse, die sachliche und persönliche Achtsamkeit, das gegenseitige Zuhören und Verstehenwollen, zum bloßen Kontext. Die Aufmerksamkeit für das Sichtbare und Messbare wird zum instrumentell erzeugten Zwang nicht nur in einzelnen Bereichen der Bildungsforschung, etwa der Bildungsökonomie, sondern auch in Bildungspraxis und Bildungspolitik. In der Bildungspraxis ist das strukturell begründete Nachweisen, Belegen und Dokumentieren zu einem integralen und individuell belastenden Teil des Berufsauftrages geworden.

5 «Kompetenz» als umgreifende Verständigungsformel

Seit den 90er-Jahren macht der Kompetenzbegriff im internationalen und nationalen Feld der Bildung eine große Karriere. Er ist zu einer den Bildungsdiskurs bestimmenden Verständigungsformel über die Erwartungen der Gesellschaft an ihr Bildungssystem und seine Leistungen geworden. Solche Formeln sind keineswegs wertfrei. Sie transportieren eine bestimmte Wahrnehmung und Gewichtung der zentralen Aufgaben einer Gesellschaft in einer bestimmten historischen (sozialen, ökonomischen, kulturellen und politischen) Situation. «Kompetenz» fokussiert die Erwartungen an die Individuen und an das Bildungssystem auf den individuellen und gesamtgesellschaftlichen Aufbau von brauchbaren Qualifikationen. Die Gefahr, die mit dem beispiellosen Erfolg des Kompetenzbegriffs einhergeht, besteht darin, dass er ein reduktionistisches Bildungsverständnis fördert. Die Formel verengt tendenziell das Leistungspotenzial des Bildungssystems auf funktionale Bestimmbarkeit und Verfügbarkeit. Fast ganz geraten die motivational-emotionale oder soziale Entwicklung der jungen Generation, ihre Persönlichkeitsentwicklung sowie die traditionell klassisch-kulturelle Leistung des Bildungssystems, Menschen zu befähigen, mit einer unvorhersehbaren Zukunft und ihren Herausforderungen eigenverantwortlich und kreativ umzugehen, aus dem Blick. Dies gilt insbesondere dann, wenn jene Instrumente genauer betrachtet werden, mit denen die Zielerreichung des Bildungssystems, also das Erreichen der festgelegten Kompetenzen, überprüft wird.

Die Verständigungschiffre «Kompetenz» verdeckt auch, dass dieser Begriff bei genauerem Hinsehen in den verschiedenen Bildungsbereichen und Ländern unterschiedlich verwendet wird (Brokmann et al. 2008). Mit Kompetenz werden in der Berufsbildung und in der Hochschulbildung unterschiedliche Vorstellungen zu einer Qualifizierung für bestimmte Tätigkeitsfelder verbunden. Nochmals andere Bedeutungen werden dem Begriff im schulischen Bereich und in jenem der Human Resources, der Lernpsychologie oder der Marktpositionierung von Produktions- oder Dienstleistungsbetrieben zugeschrieben. Die Chiffre täuscht eine Nähe der Bereiche vor, die so nicht gegeben ist und deshalb Anlass zu Fehleinschätzungen ist.

Noch bedeutsamer und problematischer jedoch ist, dass im Bildungsdiskurs die Verwendung der neuen Verständigungsformel «Kompetenz» tendenziell zu einer weitgehenden Marginalisierung und Ausblendung der sozialen und kulturellen Integrationsleistung von Bildungssystemen führt. Dies gilt namentlich für den obligatorischen Schulbereich, auf den der Kompetenzbegriff mit PISA besonders fokussiert. Die Leistung von Schule besteht, abgesehen von der Vermittlung der elementaren Kulturtechniken, weniger in der Vermittlung und Aneignung wie auch immer strukturierten schulischen Wissens und Könnens als in der Förderung von nachhaltigen Einstellungen und Verhaltensmustern. Schule ist hier primär Lebens-, Verständigungs- und Begegnungsraum. «Kompetenz», zumal in ihrer ausweisbaren, vergleichbaren und messbaren Spezifikation, umfasst und beleuchtet nur sekundär diese «weichen» Leistungen und Ergebnisse schulischer Erziehung. Obwohl es gerade diese Integrations- und Sozialisationsleistungen sind, die an unseren Schulen mit besonderem Erfolg erbracht werden und die zugleich von hoher Aktualität sind, stehen sie in der offiziellen Bildungspolitik an zweiter Stelle. Angesichts der gegenwärtigen sozial- und gesellschaftspolitischen Herausforderungen in unserer Gesellschaft ist eine solche Fokussierung nicht nachvollziehbar.

6 Paradoxe Autonomie

Parallel zur Engführung des Bildungsverständnisses verläuft eine Engführung der für Wissenschaft und Bildung konstitutiven Freiheitsräume. Es braucht hier nicht weiter ausgeführt zu werden, dass die Versprechungen, Selbstverwaltung und Steuerungsautonomie auszuweiten, die mit der Einführung neuer Führungs- und Managementmethoden in den Bildungseinrichtungen verbunden waren, vielfach durch Präzisierung und Ausdifferenzierung der Leistungsvorgaben einerseits und die Verstärkung der Output-Kontrollen andererseits konterkariert werden. Die Kombination von operativ präzisen Vorgaben, wie sie beispielsweise der Lehrplan 21 enthält, und externen Ergebniskontrollen (vergleichende Lernleistungstests) führt zu einer starken, das Bildungsgeschehen selbst regulierenden Eingrenzung der situativen Umsetzungsfreiheit. Sie verbindet zwei gegenläufige Grundvarianten staatlicher Bildungsregulierung, das klassisch-bürokratische Modell mit klaren Vorgaben und großen Umsetzungsspielräumen (traditionelle Lehr- und Bildungspläne), aber ohne substanzielle Ergebniskontrolle, und das Assessmentmodell ohne explizite und differenzierte Vorgaben, aber mit verschiedenen Abgangs- und Ergebniskontrollen (Biehl u. a. 1996). Dabei wird auf externe Ergebniskontrollen gesetzt, ohne dass die inhaltlichen und prozeduralen Vorgaben zu ihrer Realisierung abgebaut würden. Externe Kontrollen scheinen im staatlich regulierten Bildungsbereich auch eine Vermehrung und Präzisierung der Vorgaben nach sich zu ziehen. Die Kombination verändert das Berufsverständnis der Akteure im Feld. Im Innen-außen-Verhältnis nimmt Bürokratisierung zu, ebenso die durch äußeren Druck erzeugte Engführung der Steuerung von Lernprozessen. Mit Blick auf eine gesamtverantwortliche Gestaltung der pädagogischen Aufgabe muss eine Deprofessionalisierung befürchtet werden, jedenfalls eine zunehmende Abhängigkeit von externen Vorgaben, extern vorgefertigtem Lehrmaterial und Instrumenten zur Leistungsüberprüfung.

7 Differenzierung der Angebote und Selektion

Es gehört zu den immer wieder positiv hervorgehobenen Vorzügen des schweizerischen Bildungssystems, dass die Breite von Bildungsangeboten viele individuell angepasste Bildungswege mit möglichen späteren Laufbahnwechseln, Quereinstiegen und nachholender Bildung ermöglicht. Nun deuten aber zahlreiche Indikatoren darauf hin, dass die Nutzung dieser Angebote insgesamt verhältnismäßig bescheiden ausfällt. Und generell muss berücksichtigt werden, dass Differenzierung strukturell Selektion erfordert. Je höher die Differenzierung der Bildungswege, umso nötiger sind Selektionsprozesse.

Bei früher und starker Differenzierung der Bildungswege begünstigen die erforderlichen Selektionsverfahren auch soziale Differenzierung. Die Entscheidung für bestimmte Bildungswege ist offenbar wesentlich abhängig von der Risiko- und Investitionsbereitschaft der Herkunftsmilieus. Diese sind in bildungsfernen Milieus relativ gering. Die ausgeprägte soziale Selektion (Bildungsvererbung) im schweizerischen Bildungssystem muss deshalb als unerwünschte Nebenwirkung eines ihrer besonderen Qualitätsmerkmale angesehen werden. Ihre Minimierung bleibt eine drängende Aufgabe der Bildungspolitik.

Die nachholende Bildung wird – wo sie genutzt wird – primär von Personen mit schon relativ guter Qualifikation genutzt. Ihre ökonomischen, sozialen und personalen Kosten sind mit Blick auf grundständige – meist kostenfreie – Bildungsgänge hoch. Sie müssen überwiegend privat getragen werden.

8 Spannungsfelder im kooperativen Bildungsföderalismus

Föderale Strukturen stärken in der Regel den Gemeinsinn in einer Gesellschaft und setzen ihn zugleich voraus. Wesentliche Voraussetzungen, damit Föderalismus funktioniert, sind das Vertrauen in die Mechanismen der Entscheidungsfindung, ein Minimum an geteilten Werten unter den Akteuren und eine gewisse Erfüllung wichtiger Leistungserwartungen. Schließlich erfordert dies eine Bereitschaft aufseiten der leistungserbringenden Einheiten, eine allfällige Differenz der Problemsichten, Strukturen, Praktiken sowie der Stringenz bei der Umsetzung gemeinsamer Beschlüsse zu akzeptieren (beispielsweise die bemerkenswert große Akzeptanz der nach Kanton unterschiedlichen gymnasialen Maturitätsquoten). Diese vier Bedingungen bilden so etwas wie die mehr oder weniger explizite Legitimitätsgrundlage für die Ausgestaltung der Governancestrukturen. Entsprechend werfen Änderungen und Verschiebungen dieser Strukturen zwangsläufig die Frage nach deren Legitimität auf.

Alle vier Voraussetzungen werden von der politischen Öffentlichkeit als gegeben betrachtet. Gerade weil sie durch rechtlich administrative Prozeduren alleine nicht herstellbar sind, bedürfen sie heute der besonderen Pflege und Aufmerksamkeit. Paradoxerweise können gerade reibungslose, berechenbare Verfahren der

Kooperation und Entscheidungsfindung miteinander kooperierender Gremien eher Misstrauen fördern als Vertrauen und gemeinsam geteilte Werte und Zielsetzungen hinter funktionierenden Abläufen unsichtbar machen. Wo die Tendenz besteht, vorhandene Konfliktpotenziale durch möglichst effiziente, nicht transparente Verfahren der öffentlichen Diskussion zu entziehen, schädigt das die ideellen Grundlagen föderalistischer Bildungspolitik. Analoges gilt für eine fehlende Einbindung der unterschiedlichen Interessen und Akteure in die Problemanalysen und Entscheidungen, welche die Verschiedenheit und zum Teil Gegensätzlichkeit und Widersprüchlichkeit von Interessen und Positionen der Akteure der öffentlichen Wahrnehmung entzieht. Die Vitalität eines Konsenses beruht auf der Sichtbarkeit bleibender Differenzen.

Im Hinblick auf die zerbrechliche Legitimität herrschender Governancestrukturen werden heute im schweizerischen kooperativen Bildungsföderalismus vier virulente Spannungsfelder sichtbar. Das erste Spannungsfeld besteht zwischen politischer Legitimation und wissenschaftlicher Begründung. Es zeigt sich in einer latenten Verschiebung politischer Meinungsbildung zugunsten administrativ beauftragter Expertisen und eher kleiner, nicht repräsentativer Steuerungsgremien. Ein politisch enges Zusammenrücken von Administration, Teilen der Wissenschaft und der Profession grenzt sich so als Expertendiskurs gegen den traditionell Legitimität verschaffenden öffentlichen Diskurs ab. Wenn sich in durchaus wohlmeinender Absicht ein allzu enges Bündnis von Administration, Politik, Wissenschaft und professionellem Establishment für Bildungs- und Wissenschaftsreformen bildet und damit andere Problemsichten und Lösungsoptionen, die es immer gibt, ausgeschlossen oder ignoriert werden, schädigt das die Glaubwürdigkeit kooperativer Meinungsbildung und Entscheidungsfindung. Dieses Risiko besteht insbesondere für die Wissenschaft, deren Kapital im politischen Meinungskampf kritische Distanz und konsolidiertes Wissen sind und deren Funktion es wäre, sachliche Differenz und begründete Alternativen gegenüber behaupteter Alternativlosigkeit in der Diskussion zu halten.

Das zweite Spannungsfeld spiegelt sich in Gremien und Einrichtungen, denen mit keiner oder mit nicht hinreichender politischer Legitimation de facto legislative Funktionen zufallen. Eine solche Tendenz zur Verwischung der Zuständigkeiten zeigt sich dort, wo normative Entscheidungen als wissenschaftlich begründete Sachzwänge dargestellt werden. Substanzielle Weichenstellungen im Bildungssystem werden dann durch alternativlose Empfehlungen oder Vorgaben der öffentlichen Meinungsbildung entzogen. Die parlamentarische Kontrolle reduziert sich auf eine bloß als formal und nachträglich empfundene Rechtsetzung.

Ein drittes Spannungsfeld bei der Ausgestaltung von Governancestrukturen ergibt sich aus der Ungleichheit der kooperierenden Einheiten. Namentlich ist an die Größe und das politische Gewicht einzelner Kantone und Regionen zu denken. Je größer diese Ungleichheit ausfällt, umso stärker wirkt sich die Grundspannung des Föderalismus zwischen gesamtstaatlicher Vereinheitlichung und regionaler Souveränität aus. Der kooperative Bildungsföderalismus ermöglicht zwar Problemlösungen, die den regionalen und lokalen Besonderheiten und Kontexten gerecht werden. Er zeigt aber dort seine problematische Seite, wo das Gebot der Subsidiarität mit entsprechenden Strukturbildungen dezentral segregierte Diskurse befördert und zu kleinräumigen, partikularistischen Lösungen führt. So etwa, wenn unterhalb der nationalen Ebene der Empfehlungen sich lokal und regional disparate Lösungen durchsetzen, die gemeinsamen Harmonisierungszielen zuwiderlaufen. Weil die Grenzen zwischen der bloßen Durchsetzung situativer Egoismen und der erwünschten und nötigen situativen und regionalen Adaption und Rekontextualisierung von gemeinsam vereinbarten Entscheiden fließend sind, kann es nicht nur zu einer Entkoppelung lokaler von nationalen Orientierungen kommen, sondern auch zu sehr unterschiedlichen Bedingungen im Bildungssystem selbst. Letztlich gefährdet dies auch die Qualität des Bildungssystems, die wesentlich von einem persönlichen, individuellen und situativen Engagement der Akteure vor Ort abhängt.

Ein letztes Spannungsfeld betrifft das Verhältnis zwischen föderativ strukturierten Nationalstaaten und einer Weltgesellschaft, zu deren relevanten Akteuren (noch) immer auch die Nationalstaaten zu rechnen sind. In internationaler Perspektive treten sie als Einheiten in Erscheinung, ihre interne Differenzierung etwa als Bund mehr oder weniger souveräner Gliedstaaten bleibt im Hintergrund. Beobachten lässt sich dies nicht zuletzt im Bereich der Bildung. Verlieh einst die erfolgreich abgeschlossene Bildung primär den Individuen einen Bildungsstatus, so leitet man heute aus der Summe aller erfolgreichen Bildungsabschlüsse vor allem auf höheren Bildungsstufen einen kollektiven, nationalen Bildungsstatus ab, der auch in internationale Vergleiche eingeht. Nicht nur PISA-Ergebnisse, sondern auch die Werte in der international vergleichenden Bildungsstatistik der OECD werden jeweils als *ein* Wert pro Nation ausgewiesen und mit je einem Wert anderer Nationen verglichen und danach beispielsweise als Indikator für die Attraktivität von Standorten gelesen. Die häufiger werdende Inszenierung dieser Perspektive mag Akteure auf einzelstaatlicher Ebene dazu bewegen, auf Vereinheitlichungen und Standardisierungen – auch in Bezug auf Kontrolle, Steuerung und Legitimation nationaler Bildungssysteme – hinzuarbeiten und damit die Prinzipien eines auf Subsidiarität gegründeten Bildungsföderalismus zu unterlaufen.

9 «Der öffentliche Gebrauch der Vernunft»

Moderne, plurale und multikulturelle Gesellschaften tun sich schwer, inhaltliche Perspektiven der Entwicklung in grundlegenden oder existenziellen gesellschaftlichen Fragen, dazu gehören auch Fragen von Erziehung und Bildung, festzulegen. Das gilt umso mehr, je geringer und schwächer der Bestand an gemeinsam geteilten Werten, Sitten und Gebräuchen, Erfahrungen und verbindenden Herkunftserzählungen ist. Es gehörte traditionell zum Auftrag nationaler öffentlicher Schulen, ein solches kulturelles Substrat als Grundlage staatlicher Regulierungen und Ordnung zu sichern. Seine sukzessive Auflösung liegt in der Logik einer auf individuelle Selbstbestimmung und globale Mobilität setzenden Moderne. Die oben skizzierte «Kompetenzorientierung» kann als curriculare Antwort auf diese Entwicklung verstanden werden. An die Stelle kultureller Inhalte treten Prozeduren ihrer Aneignung und Verwendung. Sie verstärken damit substanziell das Schwinden eines gemeinsam geteilten Bestandes an kulturellen Gütern in der Gesellschaft.

Nun ist das keine spezifisch bildungspolitische Entwicklung, sondern ein staatspolitisch bedeutsames Problem, das seinen Niederschlag in der Kontroverse um die Frage gesellschaftlicher Kohärenz, um die Frage von Nationalstaat, Recht und Demokratie findet, bei der zwei Positionen sich gegenüberstehen: Die eine hält einen inhaltlich bestimmten Grundbestand nationaler Kultur für erforderlich, die andere setzt auf demokratische Verfahren und prozedurale Rationalität als «Ausfallbürgschaft für die soziale Integration»(Habermas 1996, 158).

Trotz der gerade in öffentlichen Bildungsdebatten immer wieder lautstarken Rufe nach einer Bewahrung und Sicherung nationaler Bildungsinhalte ist deren fortlaufender Bedeutungsverlust im Leben der Menschen kaum aufzuhalten. Es scheint absehbar, dass nationale, auch kulturnationale Bildungslehrpläne globalen transkulturellen Kompetenzprogrammen weichen. Im Blick auf diese Entwicklung rückt die staatspolitische Frage ins Zentrum, wie denn eine prozedurale Verfahrensrationalität ausgebaut und gefestigt werden kann, die bildungspolitischen Entscheidungen und Regulierungen jene demokratische und moralische Legitimität sichert, die in traditionalen Gesellschaften im Selbstverständnis homogener Weltbilder, Normen und Institutionen ihre Grundlage hatte.

Die Wissenschaftlichkeit von Entscheidungen ist trotz der hohen Akzeptanz, die der okzidentale Rationalismus in technischen Bereichen gefunden hat, im Bildungsbereich zwar eine notwendige, aber kaum hinreichende legitimatorische Grundlage. Erforderlich dafür ist die Ausgestaltung dessen, was Immanuel Kant in seinem programmatischen Traktat «Was ist Aufklärung» den «öffentlichen Gebrauch der Vernunft» genannt hat. In die bildungspolitische Praxis übersetzt könnte das heißen, den beharrlichen Austausch von Argumenten zu befördern. Es bedeutet zunächst die Darstellung von Problemlagen und die Beschreibung von Handlungsperspektiven der verantwortlichen Akteure. Im Zeitalter der Wissenschaftlichkeit bedeutet das immer auch die Sicherung der Darstellung und Veröffentlichung von möglichen Alternativen zu den propagierten Optionen. In einer offenen Demokratie bedeutet es auch, dass Öffentlichkeit auch das Bemühen umfasst, möglichst viele Nichtexperten am öffentlichen Diskurs teilhaben zu lassen. Die Bürgerinnen und Bürger auf diese Aufgabe vorzubereiten, erfordert kein neues Bildungsprogramm, sondern eine Rückbesinnung auf das im Zeichen eines im sokratischen Sinn geprüften Lebens stehende alte Konzept einer liberalen Erziehung, die den Lehrplan des Abendlandes von der Antike bis heute immer wieder bestimmt hat (Hügli 2012). Als eine der zentralen Voraussetzungen dafür erachten wir die Explikation einer nationalen Bildungsstrategie.

Literatur

Brockmann, Michaela et al. (2008). Knowledge, skills, competence: European divergences in vocational education and training (VET) – the English, German and Dutch cases (547–556). In: Oxford Review of Education. Vol. 34, Issue 5.

Bürgi, Regula (2015). Geplante Bildung für die freie Welt: Die OECD und die Entstehung einer technokratischen Bildungsexpertise. Unveröffentlichte Dissertation: University of Luxembourg.

Habermas, Jürgen (1996). Inklusion – Einbeziehen oder Einschließen? Zum Verhältnis von Nation, Rechtsstaat und Demokratie (154–184). In: Habermas, Jürgen. Die Einbeziehung des Andern. Studien zur politischen Theorie. Frankfurt a. M.: Suhrkamp.

Hügli. Anton (2012). Erziehung zur Selbsterziehung oder: wie Demokratie und Bildung zusammenhängen (155–180). In: Studia philosophica 71 Basel: Schwabe.

OECD (2001). Governance in the 21st Century. Future Studies. Paris: OECD.

Rosenmund, Moritz/Zulauf, Madeleine (2004). Um-Bilden. Welches Bildungssystem für das lebenslange Lernen? «Prospektivstudie zur Zukunft der Bildungslaufbahn» im Auftrag der Kommission Allgemeine Bildung (KAB) der Schweizerischen Konferenz der Kantonalen Erziehungsdirektoren (EDK). Bern: Schweizerische Konferenz der Kantonalen Erziehungsdirektoren (EDK).

SBFI (2015). SBFI (2015). Europäische Berufsbildungszusammenarbeit: Schweizer Berufsbildung international stärken. http://www.sbfi.admin.ch/themen/01369/02115/index.html?lang=de [4.7.2016].

Autorin und Autoren

Philipp Gonon, Prof. Dr. phil. habil., ordentlicher Professor für Berufsbildung, Institut für Erziehungswissenschaft, Universität Zürich. Arbeitsschwerpunkte und Publikationen: Berufsbildung, Weiterbildung, International vergleichende Bildungsforschung, Bildungspolitik, Historische Bildungsforschung und Bildungstheorie.
Kontakt: gonon@ife.uzh.ch

Anton Hügli, Prof. em. Dr. phil., emeritierter Professor für Philosophie und Pädagogik an der Universität Basel, ehemaliger Direktor des Pädagogischen Instituts BS. Arbeitsgebiete: Praktische Philosophie; Philosophie des 19. und 20. Jahrhunderts, Begriffs- und Ideengeschichte; Philosophische und Pädagogische Anthropologie, Bildungs- und Erziehungsphilosophie; Lehrerbildung.
Kontakt: anton.huegli@unibas.ch

Rudolf Künzli, Prof. Dr. phil. habil., pensionierter Titularprofessor für Pädagogik an der Universität Zürich, ehemaliger Direktor der PH FHNW. Seit 2006 pensioniert freiberuflich tätig. Arbeitsschwerpunkte und Publikationen: Bildungsberatung, Lehrplanforschung und Bildungstheorie, Didaktik und Schulpädagogik, Lehrerbildung.
Kontakt: kuenzli.rudolf@bluewin.ch

Katharina Maag Merki, Prof. Dr., ordentliche Professorin für Pädagogik der Universität Zürich. Arbeitsschwerpunkte und Publikationen u.a.: Educational Governance, Schuleffektivitäts- und Schulentwicklungsforschung, Selbstreguliertes Lernen. Neuste Publikation: Herbert Altrichter und Katharina Maag Merki (Hrsg.) (2016). Handbuch Neue Steuerung im Schulsystem. 2. Auflage. Wiesbaden: Springer VS.
Kontakt: kmaag@ife.uzh.ch

Moritz Rosenmund, Prof. em. Dr. phil., emeritierter Professor an der Pädagogischen Hochschule Zürich und an der Universität Wien. Arbeitsschwerpunkte: Curriculum Studies und international vergleichende Bildungsforschung.
Kontakt: moritz.rosenmund@gmail.com

Karl Weber, Prof. em. Dr. phil., emeritierter Professor an der Universität Bern. Ehemaliger Direktor des Zentrums für universitäre Weiterbildung. Seit 2009 freiberufliche Tätigkeit. Arbeitsschwerpunkte und Publikationen: System- und Orga-

nisationsfragen im Bildungswesen, Weiterbildung, Berufsbildung und vergleichende Hochschulforschung.
Kontakt: karl.weber.zuerich@bluewin.ch

der bildungsverlag

Rolf Arnold

Erziehung durch Beziehung

Plädoyer für einen Unterschied

Kinder- und Schulstube prägen uns – und die Erziehung der eigenen Kinder dazu. Wir tun deshalb gut daran, Erziehungslamentos und Rezepthoffnungen aufzugeben und uns stattdessen mit uns selbst auseinanderzusetzen. Dieses Buch handelt von dem, was wir bewirken, wenn wir nichts bewirken, sondern uns lediglich treu bleiben: Eine echte Beziehung zum Kind und damit das, was Erziehung sein sollte, nämlich eine Unterstützung nachwachsender Menschen auf ihrem Weg zur selbstverantwortlichen Lebensgestaltung.

der bildungsverlag

Beat Döbeli Honegger

Mehr als 0 und 1

Schule in einer digitalisierten Welt

In rasendem Tempo verändert die Digitalisierung unsere Gesellschaft. Innerhalb weniger Jahre hat sich die Art und Weise, wie wir kommunizieren und uns informieren, grundlegend gewandelt. Der Computer hat das Buch als Leitmedium abgelöst. Dieser Leitmedienwechsel stellt die Schule vor grosse Herausforderungen: Welche Kompetenzen benötigen Schülerinnen und Schüler in einer digitalisierten, zunehmend automatisierten Welt? Wie wichtig ist das Wissen im Kopf, wenn mobile Geräte stets Antworten parat haben? Und weshalb gehören heute Medien und Informatik zu den zentralen Themen der Allgemeinbildung? Beat Döbeli Honegger analysiert den Leitmedienwechsel und zeigt auf, wie ihm eine zeitgemässe Schule begegnen kann: weder mit pauschaler Ablehnung noch mit naiver Euphorie, sondern mit informiertem Pragmatismus.

der bildungsverlag

Werner Hartmann, Alois Hundertpfund

Digitale Kompetenz

Was die Schule dazu beitragen kann

Tablets und Smartphones, Google und Wikipedia, multimediales und interaktives Lernen – die Digitalisierung stellt die Schule vor grundlegende Herausforderungen. Diese neue Publikation geht der Frage nach, über welche Kompetenzen man in einer digital geprägten Gesellschaft verfügen muss und klärt, wie die Schule diese Kompetenzen mithilfe digitaler Werkzeuge fördern und festigen kann. Sie zeigt anhand zahlreicher Praxisbeispiele, wie Lehrerinnen und Lehrer digitale Medien sinnvoll im Schulunterricht einsetzen können.